幼儿园班级管理

主　编　王　倩　周　晓　魏　红
副主编　刘　玉　姚贝贝　吴孟琦
　　　　张学欣　汪雨晴

苏州大学出版社
Soochow University Press

图书在版编目（CIP）数据

幼儿园班级管理 / 王倩，周晓，魏红主编. -- 苏州 ：苏州大学出版社，2025. 5（2025. 8 重印）. -- ISBN 978-7-5672-5229-5

Ⅰ. G617

中国国家版本馆 CIP 数据核字第 20250V8M22 号

书　　名	幼儿园班级管理
主　　编	王　倩　周　晓　魏　红
责任编辑	刘一霖
出版发行	苏州大学出版社 （苏州市十梓街 1 号　215006）
印　　刷	苏州市越洋印刷有限公司
开　　本	889 mm×1 194 mm　1/16
印　　张	9. 25
字　　数	236 千
版　　次	2025 年 5 月第 1 版
印　　次	2025 年 8 月第 2 次印刷
书　　号	ISBN 978-7-5672-5229-5
定　　价	36. 00 元

图书若有印装错误，本社负责调换

苏州大学出版社营销部　电话：0512-67481020

苏州大学出版社网址　http://www. sudapress. com

苏州大学出版社邮箱　sdcbs@ suda. edu. cn

前　言

随着教育部《“十四五”学前教育发展提升行动计划》的实施，民众对学前教育的期待是“上好园”，对教师的要求是“幼有优教”。“幼儿园班级管理”课程是基于学前教育专业人才培养的要求，为学前教育专业学生开设的一门核心课程。幼儿园班级管理能力是幼儿园教师的核心能力，是保证幼儿教育质量和促进幼儿发展的重要前提。学前教育专业学生只有具备了一定的幼儿园班级管理能力，才能成长为合格的甚至优秀的幼儿园教师，才能胜任幼儿园班级管理工作，保障幼儿的健康成长。

本教材依据《幼儿园教师专业标准（试行）》《幼儿园工作规程》《学前教育专业师范生教师职业能力标准（试行）》等的要求，结合学前教育专业人才培养方案和课程标准的要求，以幼儿园班级管理的工作岗位需求为导向，旨在帮助学生掌握幼儿园班级管理的相关知识，学会幼儿园班级现代化管理手段，树立科学的管理理念和教育理念，为其今后的工作提供指导。

本教材根据幼儿园班级管理的主要工作内容进行结构安排，以幼儿园班级管理各项工作所需的知识和能力为导向，具体篇章结构如下：

第一章为幼儿园班级管理的基本认识，帮助学生认识幼儿园班级管理，引导学生转换角色，初步树立管理意识。第二章至第六章为主体部分，围绕幼儿园班级管理工作的各项内容展开，包括幼儿园班级保教管理、幼儿园班级卫生保健和安全管理、幼儿园班级环境管理、幼儿园班级物品和信息管理及幼儿园班级公共关系管理。第七章介绍幼儿园班级管理的评价工作。

本教材的特点有：

1. 符合时代发展的要求

本教材以习近平新时代中国特色社会主义思想和党的二十届三中全会精神为指导，以《中华人民共和国学前教育法》为依据，介绍幼儿园教师班级管理工作的相关内容，体现时代发展对学前教育的要求。

2. 整体设计

本教材在每一章的开头编排了“目标导航”和“思维导图”，有利于学生把握每一章的重点内容；在相关知识点处提供了对接幼儿园岗位实际工作的案例，有利于学生进行分析，巩固所学；在相关内容处以二维码的形式增加了拓展学习资源，有利于学生拓宽知识视野；每一章的最后还安排了思考与练习，题型多样，既有知识点回顾题，也有锻炼学生实际运用能力的实操题，旨在帮助学生巩固所学。

3. 赛证融合

本教材将教师资格考试、师范生基本功大赛和技能大赛的相关知识点融入教学内容中，供学生学习和检测学习成果，促进学生提升幼儿园班级管理水平。

4. 多学科知识融合

本教材融合了学前儿童心理学、学前教育学、学前卫生学等学科的部分相关知识，培养学生在分析案例和解决实际问题时的跨学科思维，增强学生的综合能力。

本教材由王倩、周晓和魏红三位老师设计编写思路、组织撰写和统稿。具体编写分工如下：第一章由吴孟琦编写，第二章由魏红编写，第三章由刘玉编写，第四章由王倩编写，第五章由姚贝贝编写，第六章由张学欣编写，第七章由周晓编写。汪雨晴老师对本书的架构安排提出了中肯的意见，对部分章节内容做了修改，并提供了部分案例。

在编写本教材的过程中，编者参考了部分文献，吸纳了部分同行分享的案例和图文等资料，在此向相关的研究者及同行深表谢意。由于编者的学识水平和时间有限，书中难免有疏漏之处，恳请各位专家、学者、同行和广大读者批评指正，以便修改完善。

编　者

目录

CONTENTS

第一章

幼儿园班级管理的基本认识

【目标导航】

1. 了解幼儿园班级管理的相关概念，初步建立课程学习思路。

2. 了解幼儿园班级管理的功能和意义，增强对幼儿园班级管理重要性的认识。

3. 理解幼儿园班级管理的具体内容，掌握幼儿园班级管理的实用方法。

4. 掌握幼儿园班级管理的原则，结合案例和自身经验，有意识地去践行相应原则。

【思维导图】

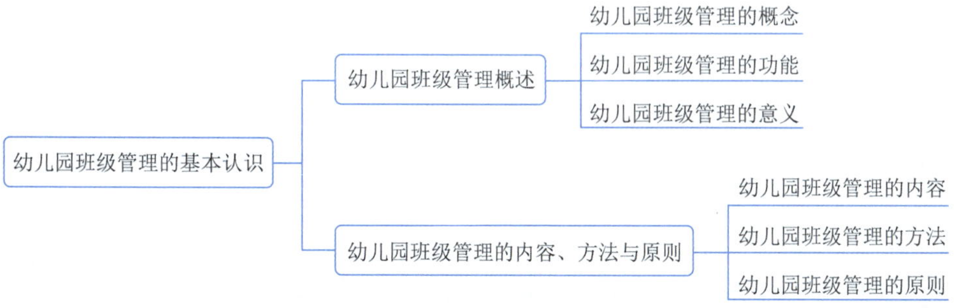

情境导入

近年来，随着国家对学前教育投入的不断加大，学前教育质量已成为社会关注的焦点。而幼儿园班级管理的水平直接关系到幼儿园整体教育质量。我们深知：只有在和谐有序的班级环境中，幼儿的个性才能得到最充分、最全面的发展。

想象一下，在一个温馨有序的班级环境中，孩子们在教师的引导下，积极参与活动，快乐学习，健康成长。这正是班级管理工作有效、精细的一种表现。幼儿园班级管理的每一个环节都考验着教师的专业素养和综合能力。因此，我们有必要重新审视和探讨幼儿园班级管理的相关内容。

本章将主要介绍幼儿园班级管理的概念、功能和意义等内容，助力学生掌握实用的管理方法，并在实践中不断探索和创新。让我们一起携手，为培养健康、快乐、自信的幼儿而努力！

第一节　幼儿园班级管理概述

幼儿园班级是幼儿园的核心单位。幼儿在园日常习惯和自理能力的养成、一日生活的组织开展等多在班级中进行。

教育家克鲁斯卡娅说，只有在集体中，儿童的个性才能得到最充分、最全面的发展。幼儿园班级既是幼儿生活的集体，也是幼儿生活的环境，是幼儿在成长过程中加入的第一个重要的正式组织。良好的班级管理工作能更好地促进幼儿的身心健康发展。

一、幼儿园班级管理的概念

（一）幼儿园班级

所谓幼儿园班级，是幼儿园的基层组织，是幼儿园实施保教任务的基本单位。整个幼儿园的工作大多是通过各个班级的管理工作来实现的。班级是幼儿在幼儿园所处的最直接、最具体的生活组织，对幼儿的发展具有很大影响。幼儿的健康成长在一定意义上直接取决于班级保教工作的成效。

幼儿是班级的主体。根据《幼儿园工作规程》，幼儿园可以按幼儿年龄将幼儿编为小班、中班、大班三个年龄班，其中小班幼儿3~4岁，中班幼儿4~5岁，大班幼儿5~6岁。也可以混合编班。幼儿园班级编制一般为：小班25人，中班30人，大班35人，混合班30人；寄宿制幼儿园每班人数酌减。

《幼儿园工作规程》明确：“幼儿园的任务是：贯彻国家的教育方针，按照保育与教育相结合的原则，遵循幼儿身心发展特点和规律，实施德、智、体、美等方面全面发展的教育，促进幼儿身心和谐发展。”幼儿园班级的教育应依据《幼儿园工作规程》的精神，遵循《幼儿园教育指导纲要（试行）》和《3—6岁儿童学习与发展指南》的具体要求，并结合本班幼儿实际情况实施。教师要树立正确的儿童观、教育观、教师观，合理运用丰富多样的教育方式，促进幼儿全面和谐发展。

（二）幼儿园班级管理

幼儿园班级管理又称幼儿园班级经营，是指班级教师通过计划、组织、实施、调整等环节，把幼儿园的人、财、物、时间、空间、信息等资源充分运用起来，对幼儿实施保育与教育，以达到预定的目的。

《幼儿园工作规程》明确指出幼儿园教师对本班工作全面负责，并规定了幼儿园教师在班级管理中的职责。教育部出台的《学前教育专业认证标准（第二级）》“二、毕业要求”中对学前教育专业学生的班级管理能力规定为：“掌握幼儿园班级的特点，建立班级秩序与规则，合理规划利用时间与空间，创设良好班级环境，充分利用各种教育资源，建立良好的同伴关系和师幼关系，营造良好班级氛围。为人师表，发挥自身的榜样作用。”①

在幼儿园班级中，教师是班级各项活动和事务的组织者、管理者，是幼儿学习生活的引导者，处于幼儿园班级管理的核心地位。作为幼儿园班级管理主体的教师需要结合本班实际情况，通过计划、组织、实施、调整等环节来开展管理工作，其中各个环节周期性循环构成一个整体，呈螺旋上升关系，共同帮助实现动态合理的班级功能。教师如果忽视对其中任一环节的考量，就可能导致后续管理出现问题。例如：不做计划就直接开展班级环境布置，可能导致幼儿不喜欢或环境功能与相应的教育目标不匹配。

幼儿园班级管理的对象和要素是幼儿园班级内的人、财、物、时间、空间、信息等，且各类要素之间还会产生联系。教师需要具备一定的专业知识和经验，如管理幼儿档案信息、与幼儿家长联系与合作。规划与管理班级空间还应考虑到本班幼儿的年龄特点和兴趣，以确保空间规划的安全性和合理性。

班级管理是有目标的活动。班级是实现幼儿园教育目标的基层组织，幼儿园教育目标也是班级管理的最终目标。当然，各个具体的管理活动也有其特定的预目标。幼儿园保教任务的完成依托班级的组织管理。幼儿园教育目标的实现依赖班级管理的有效运行，因此幼儿园管理者和带班教师都应充分重视幼儿园班级管理。

二、幼儿园班级管理的功能

班级是幼儿学习和生活的“家园”。幼儿园班级是一个初级的社会群体，它具有群体性、组织性、制度化三个特征。幼儿园生活有助于促进幼儿社会化，在幼儿的全部生活中占据重要地位。班级管理工作的成效会直接影响在园幼儿的身心健康成长。有效、科学的幼儿园班级管理是一个

① 教育部关于印发《普通高等学校师范类专业认证实施办法（暂行）》的通知[EB/OL].(2017-10-26)[2024-03-12]. http://www.moe.gov.cn/srcsite/A10/s7011/201711/t20171106_318535.html.

有机整体，是一个多功能的系统，可实现如下功能。

（一）生活功能

班级为幼儿创造了集体生活、学习的环境。每个幼儿在班级中的生活环节，如进餐、散步、盥洗等都会受班级管理的影响。科学合理地安排幼儿在园的一日生活有助于幼儿生活效率的提升，促进幼儿的身心和谐发展。教师要注意科学安排幼儿一日生活的各个环节，使幼儿在稳定、有规律的节奏中获得生活的安全感；通过培养幼儿良好的生活习惯和时间观念，促进幼儿一日生活各环节有条不紊地进行。

1. 幼儿园班级管理有组织引导幼儿一日生活的功能

鉴于幼儿的生长发育特点，幼儿园班级管理注重对幼儿一日生活的整体性安排，涉及入园、晨检、早操、集体教育、游戏、进餐、饮水、盥洗、户外活动、自由活动、离园等多个方面。在幼儿园班级管理中，一日生活的组织引导是指对幼儿园班级日常的各项活动进行科学有序的安排，让幼儿的生活有规律、有节奏，以保证幼儿在园生活平衡稳定，为进行有趣、有益且丰富的活动打好基础。

2. 幼儿园班级管理有卫生安全保健功能

在幼儿园班级管理工作中，教师需要向幼儿宣传卫生保健常识，培养幼儿健康的生活习惯，如通过活动宣传牙齿保护的重要性和护齿方法、习惯，针对不同年龄幼儿普及传染性疾病疫苗接种的知识，并说明其必要性等。应合理布置安全健康的班级环境，用幼儿能接受的方式组织安全教育活动，以培养幼儿在各类活动场合中的安全意识和自我保护能力，如：开展“交通标识我知道”社会活动，增强幼儿遵守交通规则的意识；开展趣味竞猜活动，帮助幼儿掌握冬季运动中的安全常识。充分发挥班级管理的卫生安全保健功能，有利于增强幼儿的体质，培养幼儿良好的生活习惯和基本生活能力，促进幼儿健康成长，并为其后续的学习与发展奠定基础。

（二）教育功能

苏联教育学家安东·马卡连柯提出了集体主义教育的三个核心原则：通过集体、在集体中、为了集体。其中，“通过集体”强调教育行为要在一个有组织的环境中进行；“在集体中”强调个人与集体之间的关系是动态的交互的关系；“为了集体”强调个人要具备集体社会发展中所需要的知识和道德等，成为社会集体共同认可的人。该教育理念就是“一个都不能少”的教育理念，强调让能够接受教育的人平等地接受集体教育，最终实现全员育人的目标。①

班级是开展幼儿集体教育的组织保障。班级共同的教育目标、共同的行为规范规则为幼儿的个体行为提供了模仿和学习的榜样及标准，能够约束每个幼儿的行为，培养幼儿的集体意识，有利于促进幼儿的社会化发展。班级管理通过对幼儿活动的科学合理安排，保证了活动的系统性、有序性，有助于提高教育活动的成效，实现学前教育的教育目标。班级管理能为教师和幼儿之间的交往提供机会，让幼儿产生归属感和安全感，从而与教师、同伴建立良好的关系。例如：在班级设立的“悄悄话小屋”区角，幼儿可以自由表达对同伴、教师和班级的意见和建议。这有助于幼儿与他人建立良好的人际关系，促进幼儿身心健康成长。

---

① 李瑶，魏红艳．马卡连柯教育思想及其对教师教育机智构建的价值［J］．广西教育学院学报，2023（1）：155-159.

拓展阅读

教育家风采——马卡连柯

马卡连柯是20世纪苏联著名的教育理论家和实践家。他主张把青年一代培养成真正有教养的劳动者和身心健全的公民。其教育思想包括教育目的、教育方法、集体主义教育、劳动教育、家庭教育等，其中集体主义教育是马卡连柯教育体系的核心。他创立了在集体中为了集体、依靠集体的思想，即培养集体主义者必须在集体中通过集体并为了集体来进行。

马卡连柯提出的集体教育原则有：

(1) 尊重与要求相结合原则。马卡连柯认为，要尽量多地要求一个人，也要尽可能地尊重一个人。在他看来，要求与尊重是一回事。

(2) 平行教育影响原则。马卡连柯认为，集体与个人两者关系密切，教育个人和教育集体可以同时作为教育目的，个人和集体又可以同时作为教育对象。马卡连柯后来用“平行教育影响”来概括他的上述思想，强调教育个人与教育集体的活动应同时进行，每一项针对集体开展的教育活动应收到既教育集体又教育个人的效果。

(3) 前景教育原则。马卡连柯认为，集体的生命活力在于不停地前进。马卡连柯要求教师不断地向集体提出新的奋斗目标来刺激集体的活力。这种新的目标就是前景，是人们对美好前途的希望。

（三）发展功能

教师作为班级的管理者和参与者，在班级管理过程中，践行着自己的专业活动。幼儿在班级生活中的表现状态是对教师的班级管理工作的反馈。《幼儿园教育指导纲要（试行）》明确指出：教师要“关注幼儿在活动中的表现与反应，敏感地察觉他们的需要”；“幼儿的行为表现和发展变化具有重要的评价意义，教师应视之为重要的评价信息和改进工作的依据”。

另外，学前教育专业师范生教师职业能力包括掌握专业知识与技能、开展环境创设、组织一日生活、开展游戏活动、班级管理等。其中，班级管理能力包括“熟悉校园安全、应急管理相关规定，基本掌握班级空间规划、班级常规管理等工作要点。熟悉幼儿教育及幼儿成长生活等相关法律制度规定，能够合理分析解决幼儿教育与管理实践相关问题”。①

学前教育专业师范生教师职业能力标准（试行）

教师与幼儿互动的过程，也是教师自身专业能力展现和发展的过程。教师根据幼儿在各类活动中的表现进行反思，再不断调整、改进管理方式和行为，能有效增强自己的职业能力，促进自己的专业化发展。

① 教育部办公厅关于印发《中学教育专业师范生教师职业能力标准（试行）》等五个文件的通知[EB/OL].(2021-04-06)[2024-03-12].http://www.moe.gov.cn/srcsite/A10/s6991/202104/t20210412_525943.html.

三、幼儿园班级管理的意义

幼儿园班级管理相较于中小学班级管理有着其自身的特殊性，不仅具有全面的教育性和严密的科学性，还具有启蒙的生活性和丰富的活动性。幼儿园班级管理是幼儿生活、学习的保障，是幼儿园教育的重要组成部分，是幼儿园的基本管理工作。科学有效的幼儿园班级管理对幼儿园来说是至关重要的，有助于促进幼儿的身心健康发展，也有助于提高幼儿园的教育质量和办园水平。

（一）幼儿园班级管理有利于幼儿主体性和社会性的发展

幼儿园班级管理最主要的对象是幼儿，同时幼儿又是班级管理的重要主体。一方面，教师不能将幼儿视为被动接收指令的机器，而应了解幼儿的自然天性，遵循幼儿的发展规律，将其主动性充分调动出来，让幼儿充分享有参与班级管理的权利，在班级生活中表达自我、发挥自己的能力，把幼儿培养成个体生活的主体。另一方面，幼儿的发展又受到一定社会因素的影响，因此，教师开展班级管理要培养幼儿的社会生活能力，推动幼儿的社会化进程，把幼儿培养成社会生活的主体。

（二）幼儿园班级管理有利于幼儿园教育管理水平的提升

班级是幼儿园的重要核心单元。班级的发展影响着幼儿园的发展。幼儿园的发展必须通过良好的幼儿园班级管理来实现。因此，进行幼儿园班级管理并积极探索科学有效的班级管理方法，不断提升班级管理水平，使班级管理工作进一步规范化、专业化、特色化，是提升幼儿园办学质量水平的关键。

幼儿园教育教学管理水平的提升是一个长期的过程，是在班级管理的实践中逐步实现的，需要幼儿园及教师不断发展和不断创新，而创新的途径又必须回到班级管理上来，通过班级管理来检验其有效性。由此可见，良好的幼儿园班级管理能帮助幼儿园在生存和发展的基础上提升教育管理水平，形成自己独特的园风和口碑，有助于幼儿园的长远发展。

第二节　幼儿园班级管理的内容、方法与原则

一、幼儿园班级管理的内容

幼儿园班级管理的内容广泛，涉及幼儿园班级一日生活的各个环节，班级所涉及的人、事、物等诸多因素都在幼儿园班级管理内容之列。幼儿园班级管理的内容主要包括生活管理、教育管理、物品管理以及其他管理。

（一）生活管理

生活管理是指班级保教人员为了保证幼儿的身体正常发育、心理健康成长，围绕园内起居、饮食等生活方面的需要而从事的管理工作。

生活管理作为幼儿园班级管理的基础，旨在确保幼儿在园内的日常生活得到妥善照料。生活

管理是幼儿园保教工作的核心内容，为幼儿园的教育教学提供有力保障。它涉及幼儿一日活动中的各个环节，包括但不限于入园、饮水、进餐、午睡、离园等。

著名教育家陶行知曾强调："生活即教育。"在幼儿园班级管理中，生活管理不仅关注幼儿的生理需求，也重视通过日常生活中的各个环节，培养幼儿的生活自理能力、社会交往能力和自我保护能力。

《幼儿园教育指导纲要（试行）》明确指出："幼儿园必须把保护幼儿的生命和促进幼儿的健康放在工作的首位。"这一要求为幼儿园班级生活管理指出了明确的方向。

案例

在入园环节，某幼儿园的保教人员热情迎接每一位幼儿，与他们进行亲切的交流，帮助他们缓解入园焦虑。

在进餐环节，保教人员合理安排幼儿的饮食，注意营养搭配，同时引导幼儿养成良好的饮食习惯。

在午休环节，保教人员努力为幼儿创造一个安静、舒适的睡眠环境，确保他们能够得到充分的休息。

（二）教育管理

教育管理涉及对幼儿五大领域（健康、语言、社会、科学、艺术）的教育活动进行精心设计、组织和评估。顺应幼儿发展规律的教育活动有利于促进幼儿全面发展，培养幼儿良好的行为习惯、个性，增强幼儿的学习技能。教育家皮亚杰认为，儿童是通过活动来学习的。在幼儿园班级教育管理中，教师应以幼儿为中心，通过丰富多样的教育活动激发幼儿的学习兴趣，促进其全面发展。《3—6岁儿童学习与发展指南》指出了幼儿在学习与发展中的基本规律和特点，为幼儿园班级教育管理提供了科学的指导依据。在五大领域教育活动的管理中，教师需要根据幼儿的年龄特点和兴趣爱好，选择合适的教育内容和教学方法，确保教育活动的有效性和趣味性。

案例

某幼儿园班级教师根据幼儿的兴趣和发展需要，设计了一系列主题教育活动。例如在"春天来了"主题活动中，教师带领幼儿走进自然，观察春天的变化，通过绘画、手工制作等方式表达对春天的感受。同时，教师还结合五大领域的教育目标，引导幼儿学习相关知识和技能，促进幼儿全面发展。

（三）物品管理

物品管理是对幼儿园班级内各类物品进行有序摆放和妥善管理的工作。它旨在为幼儿提供一个整洁、有序的学习和生活环境，同时方便教师和幼儿使用各类物品。

物品管理包括对小床、小被等生活用品的管理，对玩具、学具等学习用品的管理，以及对钢琴、电视等教师教学用品的管理。心理学家马斯洛的需求层次理论指出，人们在生理和安全需求得到满足后，会追求更高层次的需求。在幼儿园班级物品管理中，教师通过创设整洁、有序的环境，可以满足幼儿的生理和安全需求，为其学习和成长创造有利条件。幼儿园应建立物品管理制度，确保班级内各类物品得到妥善管理。在物品管理过程中，教师可以与幼儿共同制定班级的物品管理制度，定期对班级物品进行清点、整理和维修。同时，教师还需要引导幼儿养成良好的物品使用习惯，如轻拿轻放、用完归位等。

案例

某幼儿园班级教师制定了详细的物品管理制度，对班级内的各类物品进行分类摆放，并贴上标签。同时，教师还鼓励幼儿参与物品的整理和归位工作，培养幼儿的责任感和自我管理能力。通过物品管理，教师与幼儿共同创设了一个整洁、有序的学习和生活环境。

（四）其他管理

除了生活管理、教育管理和物品管理外，幼儿园班级管理还包括学习管理、环境管理、班际交流管理、家庭教育管理、社区活动管理等。这些管理内容是班级管理的重要组成部分，它们共同构成了一个完整的幼儿园班级管理体系。

在学习管理中，教师需要关注幼儿的学习情况和需求，为他们提供个性化的学习支持。

在环境管理中，教师需要创设一个温馨、舒适、富有教育意义的环境，以促进幼儿全面发展。

在班际交流管理中，教师需要与其他班级教师保持良好的沟通和合作，共同促进幼儿的发展。

在家庭教育管理中，教师需要与家长建立密切的联系和沟通机制，共同促进幼儿的成长和发展。

在社区活动管理中，教师需要积极组织幼儿参与社区活动，拓展他们的社会经验和视野。

总之，幼儿园班级管理是一项复杂而细致的工作，需要教师具备高度的责任心和敬业精神，同时具备专业的知识和技能。只有做好班级管理各个方面的工作，才能够为幼儿提供一个安全、有序、充满爱的成长环境，促进他们的身心健康发展。

拓展阅读

马斯洛的需求层次理论

马斯洛是人本主义心理学派的主要代表人之一，他提出了需求层次理论。

一、需求的五个层次

马斯洛认为，人的一切行为都由需求引起，而需求系统包括五种由低级到高级的不同层次的需求：生理需求、安全需求、归属与爱的需求、尊重的需求、自我实现的需求。也有研究者将马斯洛的需求系统分为七个层次：生理需求、安全需求、归属与爱的需求、尊重的需求、认知理解需求、审美需求和自我实现的需求。这里主要介绍前者。

(1) 生理需求。

这是人类维持自身生存的最基本要求，包括对食物、水、空气等的需求。

(2) 安全需求。

安全需求包括对人身安全、健康保障、资源所有性、财产所有性、道德保障、工作职位保障、家庭安全、社会安定等的需求。

(3) 归属与爱的需求。

归属与爱的需求包括对被人爱与爱他人、友情、被团体接纳等的需求。

(4) 尊重的需求。

尊重的需求包括对自尊和受到别人尊重的需求，具体表现为认可自己的实力和成就、自信、独立、渴望被赏识等。

(5) 自我实现的需求。

自我实现的需求是指对自我理想实现的需求，是充分发挥个人潜能和才能的心理需求，也是创造力和自我价值得到体现的需求。

二、需求的五个层次的关系

(1) 马斯洛认为，五种需求像阶梯一样，按层次逐级递升。最低层次的需求是生理需求，中间层有安全需求、归属与爱的需求、尊重的需求，最高层次的需求是自我实现的需求。在一般情况下，当某种低层次的需求得到满足之后，人的需求就会向高层次的需求发展。但这种需求层次并不是绝对的，有时人会在低级需求尚未得到满足之前，去追求高级需求（如自我实现的需求）。

(2) 马斯洛把人的需求分为两种类型：匮乏性需求和成长性需求。

匮乏性需求也叫缺失性需求，包括生理需求、安全需求、归属与爱的需求、尊重的需求，人的这些需求的满足依赖外界。

成长性需求即自我实现的需求，是指不回避挑战，甚至刻意追求挑战；不回避紧张状态，甚至刻意保持适度的紧张状态。成长性需求被自我实现的趋向激发。

(3) 在同一时期，一个人可能有几种需求，但每一时期总有一种需求占支配地位，对行为起决定作用。任何一种需求都不会因为更高层次需求的发展而消失。各层次的需求相互依赖和重叠。高层次的需求发展后，低层次的需求仍然存在，只是对行为影响的程度大大减小。

二、幼儿园班级管理的方法

在幼儿园班级管理中，教师不仅需要具备扎实的专业知识，还需掌握一系列科学有效的管理方法。这些方法不仅能帮助教师更好地组织和管理班级，还能促进幼儿的全面发展。下面将介绍几种常见的幼儿园班级管理方法。

（一）规则引导法

规则引导法是指制定明确的班级规则，引导幼儿自觉遵守，从而形成良好的班级秩序和氛围。《幼儿园教育指导纲要（试行）》明确指出，幼儿园应“建立良好的常规，避免不必要的管

规则引导法在幼儿教育中的应用

理行为，逐步引导幼儿学习自我管理”。规则引导法强调规则的制定需符合幼儿的认知水平和心理发展特点，通过正面引导、奖励机制等方式，让幼儿自觉遵守规则，培养他们的规则意识和自律能力。根据皮亚杰的认知发展理论，幼儿期的儿童正处于前运算阶段，对规则的理解需要借助具体、直观的表象符号。因此，教师在运用规则引导法时应用幼儿能够理解的语言和方式呈现规则。

教师运用规则引导法的要点：

① 与幼儿共同讨论并制定规则，确保规则合理、可行。

② 通过故事、游戏等方式，向幼儿解释规则的意义和重要性，引导幼儿自觉遵守。

案例

在某幼儿园大班，教师与幼儿共同制定了“玩具分享”规则，规定每个幼儿每次只能选择一个玩具，玩完后放回原处，再选择其他玩具。

通过一段时间的规则实施，幼儿逐渐形成了良好的玩具分享习惯。

（二）情感沟通法

情感沟通法是指通过与幼儿建立深厚的情感联系，以情感交流为基础，进行班级管理。

情感沟通法强调教师要关注幼儿的情感需求，耐心、细心地与幼儿沟通，与幼儿建立信任关系。这种方法一方面能够促使幼儿对教师产生安全型依恋，激发幼儿积极情绪的表达，让幼儿形成健康的情感态度；另一方面，在助力教师有序控制班级活动各个环节的同时，也有助于教师提高教学活动的质量，使教师自身情绪饱满、快乐工作。

心理学家马斯洛的需求层次理论指出，人都有归属与爱的需求。在幼儿园，教师应满足幼儿的这一需求，用情感沟通法创造和谐的班级氛围。师爱是情感沟通的基础。教师要关注幼儿的社会性发展，培养幼儿的亲社会行为，帮助幼儿与他人建立良好的人际关系。

教师运用情感沟通法的要点：

① 应多关注幼儿的情绪变化，及时给予幼儿关心和帮助。

② 通过拥抱等身体接触，让幼儿感受到温暖和关爱。

案例

某幼儿园小班的一位保教老师发现，班上有个孩子最近情绪低落，不爱说话。保教老师主动与孩子沟通，发现孩子是因为家里最近发生了一些事情而感到不安。保教老师耐心地倾听孩子的心声，给予孩子安慰和支持，逐渐让孩子找回了快乐。

（三）互动指导法

互动指导法是指教师通过与幼儿的互动实施教育指导，促进幼儿的学习与发展的方法。

班级活动的本质是幼儿参与的，与指向的对象发生相互作用的活动，即班级活动过程就是幼儿与不同对象互动的过程。互动指导法强调在平等的师生关系中，教师通过引导、提问、讨论等方式，激发幼儿的主动性和创造性。

著名教育家陶行知曾提出“教学做合一”的教育理念，强调教育过程中师生之间的互动与参与。互动指导法正是这一理念的具体体现。

教师运用互动指导法的要点：

① 应注意营造宽松、和谐的学习氛围。

② 鼓励幼儿积极参与，尊重幼儿的意见和想法，并根据幼儿的实际情况灵活调整教学策略。

案例

在一次绘画活动中，教师引导幼儿观察窗外的风景，并鼓励幼儿说出自己看到的景色。幼儿纷纷发言，教师则根据幼儿的描述，引导他们用画笔将景色画下来。在整个过程中，教师与幼儿之间的互动频繁而自然，幼儿的绘画作品也各具特色。

（四）角色扮演法

角色扮演法是一种让幼儿扮演不同角色来体验和理解他人情感、行为的方法。它有助于培养幼儿的同理心、合作精神和解决问题的能力。

心理学家班杜拉的社会学习理论认为，人们通过观察他人的行为来学习新的行为模式。角色扮演法正是基于这一理论，让幼儿在模拟的情境中学习社会行为。《3—6 岁儿童学习与发展指南》强调“珍视游戏和生活的独特价值”，而角色扮演游戏正是幼儿生活的重要组成部分。

教师运用角色扮演法的要点：

① 应为幼儿提供丰富的角色和情境选择，并引导幼儿深入体验和理解角色。

② 应注意观察幼儿在游戏中的表现，及时给予指导和反馈。

案例

在一次以“医院”为主题的角色扮演游戏中，幼儿分别扮演医生、护士、病人等角色。在游戏中，幼儿不仅学会了如何与人交往、如何关心他人，还学习了初步的医学知识。

（五）榜样激励法

榜样激励法是指通过树立榜样，激发幼儿向榜样学习、模仿的积极性，进而培养幼儿良好行为习惯的一种方法。

由于幼儿爱模仿、易受暗示，榜样对幼儿的影响是比较大的。教育家陶行知先生曾提出“生活即教育”的理论，强调教育应与生活紧密相连。榜样激励法正是这一理论的具体体现，通过生活中的榜样，引导幼儿学习、模仿，形成良好品质。根据《幼儿园教育指导纲要（试行）》的要求，幼儿园应为幼儿树立良好的榜样，促进幼儿形成良好的社会性品质。榜样激励法正是符合这一要求的有效方法。

教师运用榜样激励法的要点：

① 应选择具有代表性，且有良好品质和行为习惯的榜样。

② 应及时表扬和鼓励幼儿向榜样学习，增强幼儿的学习动力。

③ 教师自身应成为幼儿的榜样，以身作则，引导幼儿形成良好的行为习惯。

案例

在“小小环保卫士”活动中，教师先向幼儿介绍了环保的重要性，并展示了环保行为的榜样。接着，教师鼓励幼儿向榜样学习，积极参与环保活动。通过一段时间的实践，幼儿逐渐养成了良好的环保行为习惯，如不乱扔垃圾、节约用水等。

（六）目标指引法

目标指引法是指教师通过设定明确的目标，引导幼儿的行为向目标方向发展，规范其行为方式的一种方法。

根据《幼儿园工作规程》的规定，幼儿园的“教育活动内容应当根据教育目标、幼儿的实际水平和兴趣确定”，幼儿园教师应“制订和执行教育工作计划，合理安排幼儿一日生活”。目标指引法正是符合这些要求的有效方法。

教师运用目标指引法的要点：

① 教师设定的目标应具体、明确、可衡量，符合幼儿的年龄特点和认知水平。

② 应将目标分解为具体的任务，引导幼儿逐步完成。

③ 应及时给予幼儿反馈和评价，帮助幼儿认识自己的进步和不足。

案例

在“我是小小艺术家”主题活动中，教师设定了“能够独立完成一幅绘画作品”的目标。为了实现这一目标，教师组织了绘画技巧训练、主题讨论和作品展示等一系列活动。通过这些活动，幼儿不仅提高了绘画技能，还增强了自信心。

（七）常规图示引导法

常规图示引导法在幼儿教育中的应用

常规图示引导法是指用图示的方法将班级常规在相应的空间（如墙面等）公布出来，将班级常规明示并固化，帮助幼儿理解并遵守班级常规，从而实现管理目标的一种方法。

《幼儿园工作规程》指出：“幼儿园日常生活组织，应当从实际出发，建立必要、合理的常规，坚持一贯性和灵活性相结合，培养幼儿的良好习惯和初步的生活自理能力。”常规图示引导法正是符合这一要求的有效方法。

教师运用常规图示引导法的要点：

① 图示应简洁明了、形象生动，符合幼儿的认知特点。

② 应将图示与班级常规相结合，引导幼儿认识并遵守图示中的规则。

③ 应定期更新图示内容，以适应幼儿发展的需要。

案例

在“我们的小小教室”活动中，教师与幼儿一起制作了“洗手流程图”“玩具摆放示意图”等图示。这些图示不仅帮助幼儿理解了班级常规的要求，还激发了幼儿参与班级管理的积极性。通过一段时间的实践，幼儿逐渐形成了良好的生活常规和卫生习惯。

三、幼儿园班级管理的原则

俗话说：“无规矩不成方圆。”幼儿园班级管理的原则是对班级进行管理时必须遵循的行为准则，贯穿于班级管理的全过程，对幼儿园班级的全面管理具有重要的指导意义。

有效的班级管理应遵循一定的原则。这些原则既是幼儿园班级管理工作的指导思想，也是实现教育目标的重要保障。从班级管理的各个要素来考虑，幼儿园班级管理的原则是协调各组成部分及其关系的基本准则与要求，起着指导班级各项工作的作用。

幼儿园班级管理一般遵循主体性原则、民主平等原则、整体性原则、参与性原则、高效性原则等。

（一）主体性原则

主体性原则强调在幼儿园班级管理中，幼儿是班级活动的主体，教师则是活动的组织者、引导者和合作者。教师应尊重幼儿的主体地位，充分调动幼儿的主动性、积极性和创造性，让幼儿在参与中体验、在体验中成长。

主体性原则体现了现代教育理念中“以幼儿为本”的思想。陈鹤琴先生曾指出，儿童是教育的主体，教育应尊重儿童的个性，满足儿童的需求。蒙台梭利认为，儿童具有吸收性心智，教师应为儿童提供丰富的学习材料和环境，让儿童自由选择和探索。福禄贝尔强调教育应以儿童为中心，通过游戏、歌唱等方式培养儿童的个性和能力。我国《幼儿园教育指导纲要（试行）》也明确指出：“幼儿园教育应尊重幼儿的人格和权利，尊重幼儿身心发展的规律和学习特点，以游戏为基本活动，保教并重，关注个别差异，促进每个幼儿富有个性的发展。”

遵循主体性原则的要求：

① 教师应创设符合幼儿年龄特点和兴趣爱好的教育环境，激发幼儿的学习兴趣和探索欲望。

② 教师应关注每个幼儿的发展需求，提供个性化的教育支持，为每个幼儿提供适宜的发展空间。

③ 教师应尊重幼儿的主体地位，鼓励幼儿主动参与班级活动和班级规则的制定，培养幼儿的责任感和规则意识。

案例

某幼儿园教师在班级中设立了“小小管理员”角色，并让幼儿轮流担任，负责班级的日常管理工作，如分发玩具、整理图书等。这种管理方式不仅培养了幼儿的责任感和集体意识，还让幼儿在参与中体验到了成长的快乐。

（二）民主平等原则

民主平等原则要求教师在幼儿园班级管理中，与幼儿建立民主、平等、和谐的师幼关系，营造和谐、宽松的班级氛围，尊重每个幼儿的个性差异，给予幼儿平等的机会和权利。

民主平等原则体现了教育公平的理念。教育应该是自然的、平等的，不应该有任何的强制和压迫。在幼儿园班级管理中，教师应以平等、公正的态度对待每个幼儿，不因幼儿家庭背景、智力水平、性格特点等因素而有所偏袒或歧视。教师应当与幼儿建立良好的师幼关系，尊重和保护幼儿的人格尊严和合法权益。

遵循民主平等原则的要求：

① 教师应尊重每个幼儿的权利和尊严。

② 教师应鼓励幼儿表达自己的想法和意见，尊重幼儿的选择和决定。

③ 教师应营造民主、宽松的班级氛围，让幼儿在和谐的环境中健康成长。

④ 教师应为每个幼儿提供平等的机会和权利，不偏袒或歧视任何幼儿。

⑤ 教师应鼓励幼儿积极参与班级活动，发挥幼儿的主体作用，培养幼儿的民主意识和合作精神。

案例

某幼儿园班级在开展节日活动时，教师充分尊重每个幼儿的意愿和特长，让每个幼儿都有机会展示自己的才能。有些幼儿擅长唱歌，教师就让他们在活动中演唱歌曲；有些幼儿擅长绘画，教师就让他们在活动中展示自己的画作。通过活动，每个幼儿都感受到自己的价值，增强了自信心和归属感。

（三）整体性原则

整体性原则强调将幼儿园班级管理视为一个有机整体，要求教师在管理过程中，注重班级管理各要素、各环节之间的内在联系和相互作用，以实现班级管理的最优化。

整体性原则要求教师在实施班级管理时，不仅要关注个体的成长和发展，也要从班级整体的角度出发，考虑班级氛围、师幼关系、幼儿之间的互动等因素，以促进班级整体和谐、有序发展。陈鹤琴先生曾提出“活教育”思想，强调教育应与实际生活相联系，注重儿童的整体发展。在幼儿园班级管理中，整体性原则正是对“活教育”思想的实践和应用，要求教师在管理过程中关注班级整体，为幼儿的全面发展提供有力保障。

遵循整体性原则的要求：

① 教师应树立整体观念，将班级管理视为一个系统工程，注重班级管理各要素之间的协调和配合。

② 教师应全面了解班级内每个幼儿的发展特点，制订符合班级整体发展情况的教育计划。

③ 教师应注重幼儿之间的互动，引导幼儿建立良好的同伴关系，促进幼儿之间的合作与交流。

④ 教师应积极整合班级内外的教育资源，为幼儿提供一个多元化、整体性的学习环境。

案例

某幼儿园教师在班级管理中，通过深入了解每个幼儿的兴趣爱好和发展需求，制订了以“四季变化”为主题的系列活动计划。在活动中，教师充分利用班级内外的自然资源和社会资源，组织幼儿进行观察、实践、探索等活动。同时，教师还根据季节变化及时更换班级装饰和布置，为幼儿营造一个充满生机和活力的学习环境。这些活动不仅激发了幼儿的学习兴趣和探索欲望，还促进了幼儿身心的全面发展。

（四）参与性原则

参与性原则要求教师在幼儿园班级管理中鼓励幼儿积极参与班级的各项活动和管理事务，发挥幼儿的主体性和自主性。

参与性原则强调幼儿的主体地位，认为幼儿是班级管理的重要参与者。让幼儿参与班级管理，有助于增强幼儿的自我管理能力，增强幼儿的责任感和归属感，同时也有助于促进师幼之间的良性互动。

蒙台梭利认为，儿童具有吸收性心智，能够自主地从环境中学习和发展。陶行知的“生活即教育”的理论认为教育应与生活紧密相连。在班级管理中，教师应尊重幼儿的主体性，鼓励幼儿积极参与班级的各项活动和管理决策，以促进幼儿的自主学习和发展。

遵循参与性原则的要求：

① 教师应鼓励幼儿提出自己的想法和建议，引导幼儿参与班级的各项活动和管理决策。

② 教师应为幼儿提供参与班级管理的机会和平台，如可设立“小小值日生”“班级小管家”等角色，让幼儿参与班级的日常管理和维护工作。

③ 教师应关注幼儿参与的过程和体验，给予幼儿充分的支持和指导，帮助幼儿增强自我管理能力，并及时调整和完善班级管理策略和方法。

案例

某幼儿园专门设立了“班级小议会”制度。每周五下午，幼儿都会聚在一起讨论本周班级发生的事情和下周的班级计划。教师会引导幼儿积极发言、提出建议，并根据幼儿的意见制订下周的班级计划。这种管理方式不仅提高了幼儿的参与度，增强了幼儿的责任感，也促进了师幼之间的良性互动。

（五）高效性原则

高效性原则要求教师在幼儿园班级管理中注重时间管理、资源优化利用和流程简化，通过科学的方法和手段提高班级管理的效率，增强班级管理的效果。

高效性原则要求班级管理的目标要合理，班级管理计划的实施要严格而灵活，班级管理的方法要恰当且有针对性。高效性原则强调在有限的时间内实现教育效益的最大化。这有助于减轻教师的工作负担，提高幼儿的学习效率和在园生活质量。

遵循高效性原则的要求：

① 教师应优化资源配置，充分利用班级内外的各种资源，为幼儿的成长和发展提供有力支持。

② 教师应简化管理流程，减少不必要的环节和程序，提高班级管理的效率。

③ 教师应制订明确的管理目标和计划，确保班级各项工作的有序进行。

④ 教师应合理安排班级各项活动的时间和进度。

⑤ 教师要善于利用现代教育技术手段进行班级管理，如利用电子表格、数据库等工具进行数据分析和管理。

案例

某幼儿园教师在班级管理中制订了详细的管理计划和时间表，确保班级各项工作的有序进行；制定了详细的班级日程安排表，明确各项活动的时间和要求；简化了班级物品的借用和归还流程，避免了不必要的等待和浪费。这样的管理方式不仅提高了班级管理的效率，而且提高了幼儿的在园生活质量和学习效率。

幼儿园班级管理是一项艰巨的工作，需要幼儿园管理者和教师在《幼儿园教育指导纲要（试行）》等政策法规文件的指导下，不断探索新思路，提升管理品质，不断优化幼儿园教育，促进幼儿的身心健康和谐发展，实现幼儿园教育目标。

思考与练习

一、名词解释

1. 幼儿园班级管理：

2. 幼儿园的任务：

二、选择题

1. 教师引导幼儿有秩序排队盥洗属于（　　）管理。

A. 身体　　B. 生活　　C. 物品　　D. 学习

2. 在创设“小小建筑师”建构游戏环境时，赵老师与班级幼儿一起交流，制定了游戏规则，并以幼儿能看懂的直观图形和符号的形式挂在区角入口。赵老师的班级管理方法为（　　）。

A. 规则引导法　　B. 目标指导法　　C. 榜样激励法　　D. 情感沟通法

三、简答题

1. 简述幼儿园班级管理的功能和意义。

2. 简述幼儿园班级管理的内容。

3. 简述幼儿园班级管理的方法。

四、论述题

举例说说幼儿园教师在管理过程中应如何运用幼儿园班级管理的原则。

第二章

幼儿园班级保教管理

【目标导航】

1. 掌握幼儿园班级保教管理的基本概念。
2. 理解并掌握幼儿园班级保教管理的基本理念、目的和意义。
3. 理解并掌握幼儿园班级保教管理的原则、内容和关键环节。
4. 了解幼儿园班级一日生活常规管理的基本内容和实施策略。
5. 掌握幼儿园班级一日教育常规管理的内容、原则和实施方法。

【思维导图】

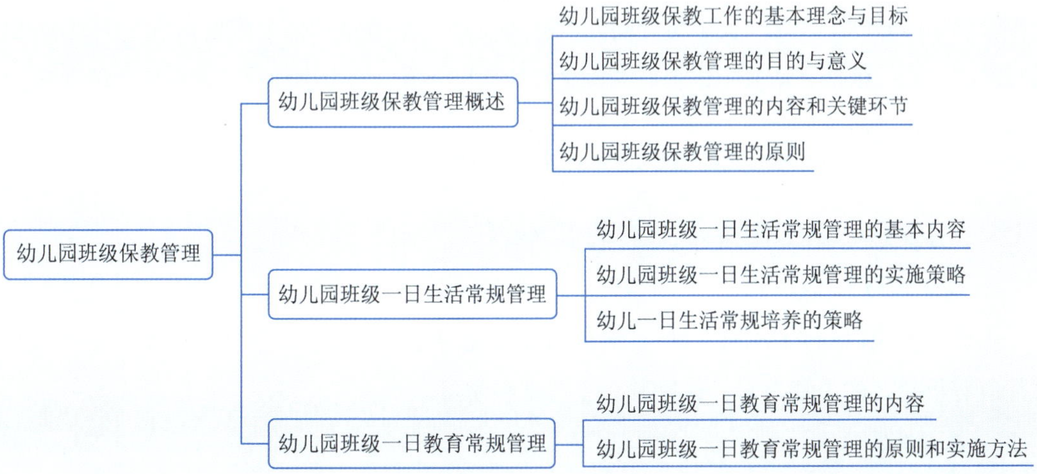

情境导入

走进幼儿园班级保教管理的世界，一系列引人深思的问题跃然纸上：如何确保保教并重，让幼儿在快乐中学习，在关爱中成长？在日常管理中，怎样巧妙运用指令与游戏，既规范幼儿的行为，又激发其潜能？面对幼儿安全这一重中之重，我们的管理措施是否足够周密，能否为幼儿撑起一片安全的天空？幼儿的一日生活如何安排，才能既符合他们的生理特点，又促进其全面发展？

本章将围绕这些问题，探讨幼儿园班级保教管理的精髓，剖析有效策略，旨在为幼教工作者提供实践指导。让我们携手，为孩子们打造一个充满爱与智慧的成长乐园。

第一节　幼儿园班级保教管理概述

在幼儿教育的广阔天地中，幼儿园班级保教管理承载着促进幼儿全面发展、保障幼儿健康成长的重要使命。随着教育理念的不断革新与学前教育相关法律法规的深入贯彻，幼儿园班级保教管理的内涵日益丰富，其重要性也愈发凸显。幼儿园班级保教管理是指班级中的保教人员通过科学规划、精心组织、有效实施及适时调整等一系列管理活动，将幼儿园的人、财、物、时间、空间、信息等资源充分整合与运用，以达到高效实现保育与教育双重目标的过程。这一过程不仅体现了保教结合的教育理念，也是幼儿园教育质量提升的关键所在。

幼儿园班级保教管理是一项复杂而细致的工作，它要求管理者具备高度的责任心、敏锐的观察力、科学的管理方法及丰富的教育智慧。保教管理如何体现在幼儿园的日常运营与幼儿的全面发展之中？在保教并重的管理理念下，如何平衡保育与教育的关系，确保幼儿身心健康？教师作为保教管理的关键执行者，应采取什么样的策略来促进幼儿的健康发展？面对不同性格与需求的幼儿，保教管理如何做到个性化，促进每个幼儿的独特发展？本节将从多个维度出发，剖析幼儿园班级保教管理的内涵，以期为幼教工作者提供有益的参考与借鉴，助力推动幼儿教育事业的发展。

一、幼儿园班级保教工作的基本理念与目标

（一）幼儿园班级保教工作的基本理念

1. 以幼儿为中心

保教工作应以幼儿为中心。所有活动都应围绕幼儿的需求、兴趣和发展水平进行设计与实施。教师应尊重幼儿的个性差异，鼓励其自主探索和学习。

2. 保教并重

保育和教育是密不可分的两个方面。保育工作关注幼儿的身体健康、生活习惯及安全；教育

工作则侧重幼儿的认知、情感、社会性等多方面的发展。两者相辅相成，共同促进幼儿的全面发展。

3. 家园共育

幼儿园与家庭都是幼儿成长的重要环境。教师与家长应加强沟通与合作，共同关注幼儿的发展需求，形成教育合力。

4. 全面发展

幼儿的全面发展涉及身体素质、认知能力、情感与态度、社会性等多个方面的发展。教师应通过丰富多样的活动，激发幼儿的潜能，促进其全面发展。

（二）幼儿园班级保教工作的目标

幼儿园班级保教工作的目标是促进每一位幼儿在身体素质、认知能力、情感与态度、社会性等方面的发展。具体目标如下。

1. 促进幼儿身体健康发展

（1）确保幼儿获得充足的营养和休息，以支持其身体发育和体能增强。

（2）培养幼儿良好的生活习惯，如定时作息、保持个人卫生等，为其健康发展奠定基础。

（3）引导幼儿参与适宜的体育活动，发展其协调性、灵敏性和力量素质，同时激发其对体育活动的兴趣。

2. 促进幼儿认知能力发展

（1）激发幼儿的好奇心与探索欲，通过丰富多样的教学活动，如观察、实验、游戏等，促进其感知、思维、想象等认知能力的发展。

（2）培养幼儿初步的科学素养，引导他们认识自然现象、学习科学知识，培养他们初步的逻辑思维能力和解决问题的能力。

3. 培养幼儿良好的情感与态度

（1）关注幼儿的情感需求，通过关爱、鼓励和支持，帮助幼儿建立积极的自我认知，培养幼儿的情感表达能力。

（2）培养幼儿的自信心、自尊心和独立性，使他们在面对挑战时能够勇于尝试、坚持不懈。

（3）引导幼儿学会关爱他人、尊重差异，培养其友善、合作、分享等积极的社会情感。

4. 增强幼儿的社会适应能力

（1）通过集体活动、角色扮演等方式，模拟真实社会场景，帮助幼儿了解并适应社会规则和行为规范。

（2）培养幼儿的自我控制能力和解决问题的能力，使他们在面对冲突和困难时能够冷静思考、有效应对。

（3）鼓励幼儿参与团队合作和集体活动，提高其社交技能，增强其集体荣誉感。

5. 促进幼儿艺术修养与创造力的发展

（1）通过音乐、美术等艺术活动，培养幼儿对美的感受和欣赏能力，培养其初步的艺术表现力和创造力。

（2）提供丰富的艺术材料和工具，让幼儿自由发挥想象力和创造力。

6. 培养幼儿的自我服务能力与独立性

（1）鼓励幼儿参与日常生活自理活动，如穿衣、吃饭、整理玩具等，增强其自我服务能力和独立性。

（2）培养幼儿的责任感和自我管理能力，为其未来的学习和生活做好准备。

二、幼儿园班级保教管理的目的与意义

（一）幼儿园班级保教管理的目的

1. 促进幼儿全面发展

幼儿园班级保教管理的核心目的是为幼儿提供一个适宜的学习与成长环境，促进幼儿在认知、情感、社会性等方面得到全面发展。这包括培养幼儿的自理能力、社交能力、情感与态度、学习兴趣等。

2. 确保幼儿安全与健康

幼儿园必须高度重视幼儿的安全与健康，通过制定并执行相关的安全措施和卫生制度，确保幼儿在园期间的安全，预防各类事故的发生，并关注幼儿的身心健康发展。

3. 实现教育目标

通过班级保教管理，教师可以更好地组织教学活动，如制订科学合理的教学计划、安排丰富多彩的教育活动、对幼儿进行指导和评价等，确保教育目标的实现。

（二）幼儿园班级保教管理的意义

1. 提高保教质量

有效的班级保教管理有助于教师更好地组织教学活动，增强教学效果，从而提升幼儿园的教育质量。在有序、和谐的班级环境中，幼儿更容易集中精力学习，也更容易养成良好的学习习惯。

2. 保障幼儿园的安全与秩序

班级保教管理有助于规范幼儿的行为，预防事故的发生。教师通过制定合理的班级规则，教育幼儿遵守纪律，从而确保幼儿园活动的顺利进行。这不仅能为幼儿创造安全的成长环境，也能为教师的教育工作提供有力保障。

3. 促进家园合作

班级保教管理是家园沟通的重要桥梁。教师可以通过班级保教管理，与家长保持密切联系，共同关注幼儿的成长，实现家园共育。这种合作方式有助于增强家长对幼儿园保教工作的信任和支持。

4. 培养幼儿的自律性和良好习惯

班级保教管理强调规则意识，有助于培养幼儿的自律性和良好的行为习惯。幼儿在遵守班级规则的过程中，逐渐学会自我管理和约束，这将对他们未来的发展产生积极的影响。

三、幼儿园班级保教管理的内容和关键环节

幼儿园班级保教管理的核心在于“保”与“教”的有机结合。保，即保育，关注幼儿的身体健康与基本生活能力的培养；教，即教育，旨在促进幼儿认知、情感、社会性等方面的发展。两

者相辅相成，共同构成了幼儿园班级保教管理的完整体系。

（一）教育计划与课程管理

（1）制订符合幼儿身心发展特点的教学计划和课程，确保课程内容科学、合理，能够促进幼儿的全面发展。

（2）关注幼儿的兴趣爱好，设计富有趣味性和互动性的教学活动，以激发幼儿学习的积极性。

（二）日常教学管理

（1）监督日常教学活动的实施，确保教学质量。

（2）关注幼儿的学习进展和情绪变化，及时调整教学策略，以满足幼儿的不同需求。

（三）安全管理

（1）建立健全安全管理制度，包括食品安全制度、活动安全制度、环境安全制度等，确保幼儿在园期间的安全。

（2）定期进行安全隐患排查，及时消除潜在的安全风险。

（四）卫生保健管理

（1）制订卫生保健计划，定期进行环境卫生和幼儿个人卫生的检查，预防疾病的发生。

（2）关注幼儿的身体健康状况，及时发现并处理幼儿的不适情况。

（五）家园合作管理

（1）建立有效的家园沟通机制，定期与家长交流幼儿在园的表现和进步情况，共同关注幼儿的成长。

（2）通过家长会、亲子活动等形式，增强家园之间的了解和信任，促进家园形成教育合力。

（六）资源管理

（1）合理配置和利用教育资源，包括教学材料、设施设备等，以支持教学活动的有效开展。

（2）定期对教育资源进行检查和维护，确保其处于良好的使用状态。

四、幼儿园班级保教管理的原则

（一）主体性原则

在幼儿园班级保教管理中，幼儿是主体，有着主观能动性。教师在班级保教管理中起主导作用。所有的保教管理都要以幼儿为主体，以幼儿身心健康全面发展为目的。教师需要与班级幼儿进行讨论和交流，善于听取幼儿的想法和建议，从促进幼儿全面发展的视角，来审视班级保教管理的方法和规则的合理性、有效性。

（二）启发性原则

在幼儿园班级保教管理中，教师管理的方法和策略不能一成不变。针对不同的时间段、不同的幼儿，教师可以灵活调整管理方法和策略，启发并引导幼儿遵守班级活动公约。各种班级活动公约需要师生一起讨论并确定。

（三）平等性原则

在幼儿园班级保教管理中，教师和幼儿的角色地位始终是平等的，而不是上下级的关系。教师不能强迫幼儿按特定的方式进行活动。教师的高压控制会导致幼儿缺少自由和快乐，阻碍幼儿的健康发展，也会造成师幼关系的不和谐。在教师的高压控制下，部分幼儿可能会违反班级保教管理的规则，经常不按规则活动，给班级保教管理带来困难。

（四）参与性原则

一个好习惯的养成通常需要二十一天的坚持。幼儿良好的生活习惯及学习习惯的养成需要教师的引导，也需要家长的配合教育。家园形成合力才能更好地促进幼儿的发展。无论在园还是在家，教师和家长对幼儿的要求都必须保持高度一致。如果家园要求标准不同，就会造成幼儿无所适从，不知道教师和父母哪一方说得对。教师要取得家长的认同，与家长达成教育方面的共识，不能让幼儿已经培养的好习惯出现“5+2=0”的现象。

案例

在阳光明媚的早晨，星星幼儿园草莓班的小朋友们迎来了新的一天。

小朋友们欢快地走进教室。丽丽老师微笑着迎接每个孩子，给每个孩子一个温暖的拥抱。“早上好呀，宝贝们！”丽丽老师的声音如同春天的微风，让人心情愉悦。

今天的活动丰富多彩。首先是绘画时间。小朋友们围坐在小桌子旁，拿着画笔，发挥着自己的想象力。有的画了五颜六色的花朵，有的画了可爱的小动物。丽丽老师在旁边耐心地指导着，鼓励小朋友们大胆创作。

接着是户外活动时间。小朋友们在操场上奔跑、玩耍，笑声回荡在整个幼儿园。滚轮胎、玩攀爬架、骑车、荡秋千都是他们的最爱。生活老师王老师则在一旁时刻关注着小朋友们的安全，提醒他们注意秩序。

午餐时间到了，美味的食物散发着诱人的香气。小朋友们洗净小手，坐在自己的位置上，等待教师分发食物。“今天有胡萝卜、土豆和鸡肉，都是很有营养的哦。”王老师一边分发食物，一边介绍着菜品。小朋友们吃得津津有味，不一会儿，盘子就见底了。

午休时间，小朋友们躺在自己的小床上，盖着柔软的小被子，进入了甜美的梦乡。丽丽老师和王老师轻轻地走动着，为小朋友们盖好被子，调整睡姿。

下午是讲绘本故事时间。丽丽老师坐在小朋友们中间，绘声绘色地讲着有趣的故事。小朋友们听得入了迷，仿佛置身于故事的世界中。

在这充满爱与温暖的一天里，草莓班的老师和小朋友们一起度过了快乐而充实的时光。

问题一：在幼儿园班级保教管理中，老师和生活老师的职责分别是什么？

在幼儿园班级保教管理中，老师的职责主要有组织教育教学活动、引导幼儿学习和成长、关注幼儿的心理需求、鼓励幼儿大胆创作和表达等。生活老师的职责主要是负责幼儿的生活照料，包括幼儿的饮食、午休管理、班级卫生等，如在户外活动时关注幼儿安全，在午餐时间分发食物、提醒幼儿养成良好的饮食习惯，午休时为幼儿盖被子等。

问题二：如何确保幼儿园班级活动既丰富多彩又安全有序？

一方面，老师要精心设计各种活动，如绘画、讲故事、户外活动等，满足幼儿不同的兴趣和发展需求；另一方面，要做好安全措施。在活动前，老师和生活老师要检查活动场地和设备的安全性；在活动中，要时刻关注幼儿的行为，及时提醒幼儿注意安全，维持活动秩序。例如在户外活动时，生活老师在一旁密切关注幼儿，提醒他们遵守秩序，不推不挤；老师在组织活动时，提前检查活动器材是否牢固等。

第二节　幼儿园班级一日生活常规管理

良好的一日生活常规能够为幼儿提供科学的作息时间安排，涉及教育教学活动、游戏、户外活动、进餐、如厕、午睡等方面。合理的作息时间安排有助于幼儿生理和心理的健康发展。生活在有规律的环境中，幼儿会感到安全。规律的作息时间和行为规范为幼儿营造了一个可预测的环境，使他们能够安心地参与各种活动。这种安全感对于幼儿的心理健康至关重要。通过一日生活常规，幼儿可以逐步学会穿衣、吃饭、洗手等基本生活技能，养成良好的生活习惯，增强生活自理能力。这些良好的生活习惯有助于幼儿更好地适应未来的生活和学习环境。

幼儿园班级一日生活常规管理在幼儿教育中具有不可或缺的作用。它不仅为幼儿园的日常工作提供了基础保障，也是促进幼儿全面发展、培养幼儿良好行为习惯和社交能力的关键。因此，教师和家长应高度重视一日生活常规的建立和执行，确保其在幼儿教育中发挥最大的作用。

幼儿园班级一日生活常规管理系列活动

幼儿园班级一日生活常规管理更侧重对幼儿的日常生活习惯的培养，如对进餐、饮水、如厕、盥洗、入睡、起床等生活环节的常规管理。一日生活常规管理的实施有助于幼儿形成规律的生活节奏，提高幼儿在园生活质量，同时也能为教师组织日常活动提供便利。

幼儿园班级一日生活常规管理是幼儿健康成长和全面发展的重要保障。以下是一些引人深思的问题：

一日生活常规管理具体包括哪些内容？如何确保这些常规既科学又合理？

在一日生活的各个环节中，如何培养幼儿良好的生活习惯和自理能力？

教师如何在一日生活中有效引导幼儿既保持秩序又不失活泼？

一日生活常规管理如何与幼儿教育目标相结合，促进幼儿的全面发展？

面对不同年龄段和个性的幼儿，一日生活常规管理如何做到因材施教？

本节将围绕上述问题，探讨幼儿园班级一日生活常规管理的基本内容和策略，为幼教工作者提供实践指导，助力幼教工作者为幼儿的健康成长和全面发展创造良好环境。

一、幼儿园班级一日生活常规管理的基本内容

（一）幼儿园班级一日生活常规管理内容

在幼儿成长的黄金时期，幼儿园不仅是知识的启蒙地，也是良好习惯养成的摇篮。一日生活常规管理涵盖了幼儿从入园到离园的每一个细节。从清晨的温馨迎接到午间的午睡安排，从丰富多彩的教学活动到井然有序的用餐，每一环节都蕴含着教育的智慧与关爱的力量。

一日生活常规管理不仅关乎幼儿生活习惯的培养，还在于通过重复而有序的日常活动，帮助幼儿建立时间观念、规则意识，增强自我管理能力，学会如何与同伴相处，学会等待、分享与合作，为未来的社会生活打下坚实的基础。同时，一日生活常规管理也是幼儿安全教育的重要防线。严格的卫生管理、安全教育与应急演练等能确保幼儿在安全、健康的环境中快乐成长。

总之，幼儿园一日生活常规管理是幼儿教育中不可或缺的一环。它要求教育者关注幼儿的需求，细心、耐心地引导他们在日常点滴中学会生活、学会学习、学会做人，为幼儿营造一个温馨、有序、充满爱的成长环境，让他们在快乐中茁壮成长，迈向更加美好的未来。

1. 入园环节

晨检：检查幼儿身体状况，确保无传染病入园。

问候与礼仪：引导幼儿主动向教师、同伴问好，培养幼儿的礼貌习惯。

物品整理：指导幼儿整理书包和个人物品，培养幼儿的自理能力。

2. 晨间活动

自由玩耍：为幼儿提供丰富多样的游戏玩具和材料，促进幼儿自主探索。

早操：组织幼儿进行集体早操，增强幼儿的体质，培养幼儿的纪律性。

3. 教育活动

集体教学：按计划开展健康、语言、社会、科学、艺术领域的教育活动。

区域活动：提供不同区域供幼儿选择，满足幼儿的个性化学习需求。

4. 生活照料

饮水与如厕：定时提醒幼儿饮水、如厕，培养幼儿良好的生活习惯。

午餐与午睡：组织幼儿有序用午餐，餐后散步结束再安排适当午睡。

5. 户外活动

户外游戏与运动：组织幼儿在户外进行游戏和运动，增强幼儿体质，培养幼儿的团队精神。

安全教育：加强户外活动的安全教育，确保幼儿安全。

6. 离园环节

整理物品：引导幼儿整理个人物品，为离园做好准备。

道别与交接：组织幼儿与教师、同伴道别，确保将幼儿安全地交给家长。

（二）一日生活常规要求

1. 盥洗、如厕

小班要求：幼儿能在教师的帮助下卷起衣袖，取适量的洗手液，揉搓双手各个部位，然后冲洗干净，并擦干双手。知道有大小便及时如厕，初步学习自己动手穿脱裤子，在教师的帮助下完

成大便后的护理，便后及时清洁双手。

中班要求：幼儿能自己卷起衣袖，取适量的洗手液，用正确的方法洗手，逐步养成定时大小便的习惯，在教师的指导下，初步学习大便后使用厕纸从前往后擦屁股，便后及时清洁双手。

大班要求：幼儿能独立完成如厕，大便后能够正确熟练地使用厕纸，并可以把衣服整理好，会卷袖子、用七步洗手法洗手。

2. 午餐

小班要求：幼儿尝试自己吃饭。教师可巡回指导幼儿用餐，帮助用餐有困难的幼儿，保证幼儿的进餐量，引导幼儿不挑食。

中班要求：幼儿能独立吃完午餐，不挑食；值日生能帮助教师收拾整理桌面、椅子等。

大班要求：幼儿能自己取餐，懂得珍惜粮食、不浪费，学习用筷子吃饭菜；值日生能帮助教师收拾整理桌面、椅子、地面等。

3. 喝水

小班要求：幼儿会自己拿杯子分组排队取水。

中班要求：幼儿会按需取水，不浪费。

大班要求：幼儿会主动根据需要喝水。

4. 午睡

小班要求：幼儿能在教师的帮助下穿脱衣服，安静地午睡。

中班要求：幼儿会自己独立穿脱衣服，安静地午睡，保持正确的睡姿。

大班要求：幼儿会自己独立午睡，起床后学习整理被子和床铺。

二、幼儿园班级一日生活常规管理的实施策略

幼儿园班级一日生活常规管理在幼儿教育中扮演着举足轻重的角色，它关乎幼儿的身心健康、习惯养成以及社交能力的发展。以下是一些具体的一日生活常规管理策略。

（一）明确时间安排与活动内容

教师要科学合理地安排幼儿一日生活中各项活动的时间和内容。这些活动应遵循幼儿的身心发展规律，既要避免幼儿过度疲劳，也要防止幼儿过度兴奋。活动内容应丰富多彩，既符合幼儿的兴趣爱好，又能促进其全面发展。

（二）制定明确的规则与要求

为了维护一日生活的秩序，教师需要与幼儿一起制定明确的规则和要求，例如，规定进餐时不说话、午睡时安静入睡、玩具用完后要归位等。这些规则应简单易懂，便于幼儿理解和执行。同时，规则的制定也应注重趣味性。教师可以通过游戏、故事等方式引导幼儿理解和接受规则。

（三）培养幼儿良好的生活习惯与自理能力

一日生活常规管理的重要目标之一是培养幼儿良好的生活习惯和自理能力。这包括定时定量进餐、勤洗手、自己穿脱衣服、整理床铺等。为了实现这一目标，教师需要耐心指导和鼓励幼儿，

让他们在实践中逐渐掌握生活技能。同时，家园合作也是培养幼儿良好生活习惯与自理能力的重要途径。家长应在家中延续幼儿园的常规要求，与幼儿园共同促进幼儿的发展。

（四）优化活动过渡环节

在一日生活中，活动环节之间的过渡是非常重要的。为了减少幼儿的等待时间和无序状态，教师需要优化活动安排，尽量减少不必要的过渡环节。例如，可以将两个相近的活动安排在一起，让幼儿在完成一个活动后立即投入下一个活动中。同时，过渡环节也可以设计得富有趣味性，如通过音乐、律动等方式引导幼儿顺利过渡到下一个活动。

（五）积极互动与表率作用

教师在一日生活常规管理中起着举足轻重的作用，需要积极与幼儿互动，成为幼儿的表率。教师应以身作则，遵守幼儿园的常规要求，用自己的行为影响幼儿。同时，还需要密切关注幼儿的表现，及时给予幼儿鼓励，纠正幼儿的错误行为，引导幼儿养成良好的行为习惯。

三、幼儿一日生活常规培养的策略

幼儿一日生活常规的培养不是一蹴而就的，而小班阶段是幼儿常规培养的关键期。幼儿来自不同的家庭，他们的自理能力、语言表达能力、与人交往能力各不相同。幼儿迈入幼儿园，就开始了他们的集体生活。为了让幼儿适应集体生活，教师需要引导幼儿建立良好的一日生活常规，学会自我服务，学会排队守秩序，学会与同伴友好交往等，培养幼儿良好的生活习惯、卫生习惯、学习习惯等，促进其身心全面发展。小班幼儿的常规培养是基础，有了坚实的基础，幼儿到了中、大班，其生活常规培养才能得以优化和提升。

（一）图示引导法（适合小班）

1. 脚丫图示法——喝水环节

幼儿的学习特点是直接感知、亲身体验、实际操作。教师要尊重幼儿的学习方式，用具体形象的图形、图标等引导幼儿，培养幼儿良好的生活习惯。例如，在喝水环节中，教师在活动室的茶杯柜、开水桶处，分别粘贴上小脚丫图形，引导幼儿喝水时找到合适的位置排队，养成有秩序地排队取杯子喝水的好习惯。

2. 直线图示法——如厕、盥洗环节

在幼儿分组排队盥洗、如厕环节中，教师将两种不同颜色的直线标识粘贴在盥洗室门口的地面上，表示幼儿往返路线，提醒幼儿排队盥洗、如厕，走直线进入盥洗室，往返走不同颜色的直线，避免幼儿因兴奋奔跑、拥挤引起的碰撞同伴现象。

（二）游戏提示法——收拾玩具、组织排队环节（适合小班）

小班幼儿的语言表达能力弱，对教师的要求性语言的理解有困难。教师可采用有趣的游戏性语言与情节等进行提示，使得幼儿很快能理解教师的要求，例如：教师要求幼儿收拾桌面玩具时，用游戏性语言提示幼儿完成玩具分类整理活动，如“请小朋友把玩具宝宝送回家”。组织幼儿排队到户外游戏时，教师用游戏性语言提示幼儿，如“请小朋友来开小火车，一节一节车厢要扣紧。小朋友都是小火车的车厢，你们要拉着前面一个小朋友的衣服”。

（三）儿歌学习法——幼儿自理能力培养环节（适合小、中班）

1. 洗手歌

两个好朋友，手碰碰手
你背背我，我背背你
来了一只小螃蟹，小螃蟹
举起两个大钳子，大钳子
我和螃蟹点点头，点点头
螃蟹和我握握手，握握手

洗手歌

2. 穿衣歌（套头衫）

一件衣服四个洞
脑袋钻进大洞洞
钻出中洞洞
小手抓住小袖子
左手钻进左洞洞
右手钻进右洞洞
整理一下大洞洞

穿衣歌（套头衫）

3. 穿衣歌（拉链衫）

小手抓住小衣服
背面对着小肚子
小老鼠盖房子
左手握住小袖子，左钻钻
右手握住小袖子，右钻钻
咯吱咯吱盖房子

穿衣歌（拉链衫）

4. 穿鞋歌

两只鞋子头碰头
打开鞋扣拉鞋舌
小脚丫抬抬起
把它放进鞋子里
蹬一蹬提一提
再把鞋扣紧紧系

5. 睡觉歌

枕头放放平
被子盖盖好
小枕头、小花被
和我一起来午睡
看谁先睡着

睡觉歌

6. 漱口歌

手拿小茶杯
喝口清清水
抬起头，闭上嘴
咕噜咕噜吐出水
牙齿变得白又美

漱口歌

7. 吃饭歌

饭桌前，坐坐好
扶好碗，拿好勺
张大嘴巴嚼一嚼
乖乖吃饭长高高

吃饭歌

8. 叠衣服歌

两扇大门关一关
两只小手抱一抱
点点头，弯弯腰
握住两边放放好

叠衣服歌

（四）音乐提示法（适合小、中、大班）

幼儿园一日生活中的各项环节，如游戏结束后整理玩具环节、参加集体活动环节等，都需要教师提醒和组织。教师可以和班级幼儿讨论，针对一日生活各个环节的特点，选择性质不同的音乐，以提醒幼儿下面环节要开展什么活动、需要做什么事情。

（五）故事安静法（适合小、中、大班）

1. 餐前安静活动：餐前故事小舞台

教师可请幼儿上台给大家播报天气预报或讲故事，其他幼儿倾听，保持餐前安静。幼儿平静的情绪有利于他们进餐活动的开展。

2. 睡前安静活动：睡前故事会

午餐后散步完回到午睡室，幼儿情绪较为高昂。教师可以有感情地给幼儿讲睡前故事，帮助幼儿平复情绪，安静地入睡。

（六）音乐安静法（适合小、中、大班）

午餐时教师播放轻音乐，为幼儿营造一个轻松愉悦的进餐环境，让幼儿在轻音乐中愉快进餐。

（七）值日生督促法（适合中、大班）

值日生可以督促或帮助行动较慢的幼儿，抓紧时间完成一日生活中的各个环节的自我服务内容。

（八）积分制鼓励法（适合中、大班）

教师可在班级教室内创设小红花园地，对幼儿的一日生活常规遵守情况做评价，规定有进步的幼儿可以获得小红花或小贴画，集齐十个可以兑换奖品或取得事先选择游戏内容的权利，以此增强幼儿遵守常规的意识。

第三节　幼儿园班级一日教育常规管理

幼儿园班级一日教育常规管理主要关注教学活动、游戏区域活动、户外体育活动等教育环节的常规，旨在促进幼儿的学习和发展。一日教育常规管理的目的是确保幼儿在集体环境中的学习活动能够有序进行，促进幼儿的全面发展。

一日教育常规管理侧重通过制定和执行一系列规则来促进幼儿的学习和发展，而一日生活常规管理注重培养幼儿良好的生活习惯和生活能力，两者是幼儿园班级管理的两个重要方面。一日教育常规管理的重要性不容忽视，它贯穿于幼儿一日生活的各个环节。幼儿园班级一日教育常规管理有助于维护园所秩序。教师可通过建立科学合理的规章制度和行为规范，引导幼儿遵循一定的流程和规则进行活动，确保园所内部环境的和谐稳定。这不仅能为幼儿提供安全、有序的活动和学习环境，也能为教师提供有效的教学管理保障。

幼儿园班级一日教育常规管理能够促进幼儿的社会性发展。在集体生活中，幼儿需要与同伴、教师进行频繁的交往。通过常规管理，教师可以引导幼儿学会分享、合作、等待等，培养幼儿的社交能力和团队精神。同时，幼儿园班级一日教育常规管理也是教师专业能力的体现。教师需要通过观察、分析幼儿的行为和需求，灵活地调整常规管理的策略和方法，以适应不同幼儿的发展特点和学习节奏。这要求教师具备较高的专业素养。

幼儿园班级一日教育常规管理是幼儿教育的核心环节之一。一日教育常规管理如何确保教育活动的有序进行，同时满足幼儿的学习需求？在一日教育常规管理的各个时段，教师如何科学安排教学活动，促进幼儿全面发展？教师如何在一日教育常规管理中灵活运用多种教学方法，激发幼儿的学习兴趣和积极性？一日教育常规管理如何与家园共育相结合，形成教育合力？面对教育过程中的突发情况，一日教育常规管理如何确保应对得当，保障幼儿安全？本节将围绕这些问题，介绍幼儿园班级一日教育常规管理的关键要素与实施策略，为幼教工作者提供实用指导，促进幼儿园保教质量的提升。

一、幼儿园班级一日教育常规管理的内容

（一）教学活动

教学活动是幼儿园班级一日教育活动中的核心部分，旨在通过有计划、有目的的活动，促进幼儿认知、情感、社会性等方面的发展。

教学活动

1. 内容安排

教学活动应围绕幼儿的年龄特点和兴趣需求，结合幼儿园的教育目标和课程设置开展。其内容涵盖健康、语言、社会、科学、艺术五个领域，注重知识的系统性和连贯性。

2. 组织形式

教学活动可以采用集体教学、小组教学、个别指导等多种形式，以适应不同幼儿的学习需求；

通过故事讲述、歌曲表演、实验操作等方式，激发幼儿的学习兴趣，培养他们的观察力、思考力和创造力。

3. 环境创设

教师应为幼儿创设一个温馨、舒适、富有教育意义的生活和学习的环境。教室布置应简洁明快，色彩搭配和谐，有利于幼儿的视觉发展和注意力集中。同时，教学用具和材料应丰富多样，满足幼儿动手操作和探索的需求。

（二）游戏区域活动

游戏区域活动

游戏区域活动是幼儿园班级一日教育活动中不可或缺的一部分，它为幼儿提供了自主选择、自由探索的空间，有助于培养幼儿的自主性、创造性和社会性。

1. 区域设置

幼儿园应根据幼儿的年龄特点和兴趣需求，设置不同功能的游戏区域，如美工区、益智区、建构区、娃娃家、图书角等。每个区域应配备相应的玩具、材料和设备，以满足幼儿的游戏和学习需求。

2. 活动指导

教师应密切观察幼儿在游戏区域中的表现，了解他们的兴趣点和发展水平，适时给予指导和支持。通过提问、引导、示范等方式，激发幼儿的好奇心和探究欲，促进他们在游戏中的学习和成长。

3. 规则培养

在游戏区域活动中，教师应注重培养幼儿的规则意识和良好的行为习惯。通过讲解规则、示范行为、表扬鼓励等方式，引导幼儿学会遵守规则、尊重他人、爱护玩具和材料。

（三）户外体育游戏

户外体育游戏

户外体育游戏是幼儿园班级一日教育活动的重要组成部分，它有助于促进幼儿身体发育，增强幼儿的体质，提高幼儿的运动技能。

1. 活动安排

幼儿园应根据幼儿的年龄特点和身体状况合理安排户外体育游戏活动的时间和内容。活动应包括体育游戏、自由玩耍、器械运动等多种形式，以满足幼儿不同的运动需求。

2. 场地设施

幼儿园应确保户外体育游戏活动的场地和设施安全、卫生、多样化。场地应平坦、无障碍物，有利于幼儿奔跑、跳跃等。同时，幼儿园应配备各种体育器械和玩具，如滑梯、秋千、攀爬架等，以增强活动的趣味性和挑战性。

3. 安全保障

在户外体育游戏活动中，教师应密切关注幼儿的安全状况，防止意外事故的发生。通过加强安全教育、制定安全预案、定期检查和维护设施等方式，确保幼儿在活动中的安全。

二、幼儿园班级一日教育常规管理的原则和实施方法

（一）幼儿园班级一日教育常规管理的原则

1. 以幼儿为中心原则

在幼儿园班级一日教育常规管理中，以幼儿为中心原则是核心原则，它贯穿于幼儿一日生活的方方面面，旨在促进幼儿的全面发展与个性成长。以幼儿为中心原则要求教师将幼儿视为具有独立人格的个体，尊重他们的思想感情、兴趣、爱好、要求等，保障幼儿的合法权益；尊重幼儿的主体地位，鼓励幼儿根据自己的兴趣和能力选择活动内容、游戏材料和玩伴，培养幼儿的自主性和独立性；在适当的时候让幼儿参与班级规则的制定和修改过程，让他们感受到自己是班级的一分子，增强幼儿的归属感和责任感。在活动中教师需细心观察每位幼儿的兴趣爱好、学习特点和能力差异，必要时为幼儿提供个性化的指导和支持；根据幼儿的兴趣设计活动内容和方式，激发幼儿学习的积极性，让他们在愉悦的氛围中主动学习。

2. 促进幼儿全面发展原则

促进幼儿全面发展是幼儿园教育工作的核心内容。这一原则强调在幼儿的一日生活中，通过科学系统的教育安排，促进幼儿身体、认知、情感、社会性及审美等多方面的发展。

（1）身体健康是基础。幼儿园应确保幼儿有足够的户外活动时间，促进幼儿大肌肉群和小肌肉群的发展，同时通过均衡的膳食安排，保障幼儿身体的健康成长。

（2）认知发展是关键。一日生活中应融入多样化的学习体验，如科学探索、数学游戏、语言交流等，激发幼儿的好奇心，培养他们的观察力、思维能力和解决问题的能力。

（3）情感与社会性的培养同样重要。教师可通过小组活动、角色扮演、情感分享等环节，帮助幼儿学会情绪管理，培养良好的人际交往能力和合作精神，形成积极向上的情感态度和良好的社会行为规范。

（4）审美能力的培养不容忽视。音乐、舞蹈、美术等活动能够激发幼儿的创造力和想象力，培养他们的审美情趣和艺术修养，丰富他们的精神世界。

3. 面向全体，尊重个体差异原则

在幼儿园班级一日教育常规管理中，面向全体与尊重个体差异是相辅相成的，它们共同构成了高质量幼儿教育的基石。这一原则体现了教育公平与个性化的双重追求，旨在确保每个幼儿都能在适宜的环境中得到充分的发展。

面向全体的原则要求教师在设计一日活动、制订教学计划时，要充分考虑全体幼儿的需求和兴趣，确保所有幼儿都能参与到各项活动中。这意味着活动内容和形式应当具有广泛性和包容性，能够吸引不同性别、不同性格、不同能力水平的幼儿积极参与。教师应为全体幼儿创设丰富多彩、充满挑战的学习环境，通过集体教学、小组活动、个别指导等多种方式，让每个幼儿都能感受到被重视和尊重。

然而，仅仅面向全体是不够的，因为每个幼儿都是独一无二的个体，他们有着各自不同的成长背景、学习方式和发展速度。因此，尊重个体差异的原则显得尤为重要。这一原则要求教师在关注全体幼儿的同时，还要敏锐地察觉到每个幼儿的独特之处，给予他们个性化的关注和支持。

在具体实施中，教师可以通过日常观察、作品分析、家园共育等多种途径，深入了解每个幼儿的兴趣爱好、学习习惯、能力特长以及面临的挑战。基于这些了解，教师可以为幼儿量身定制个性化的学习计划和发展目标，提供有针对性的指导和帮助。例如，对于性格内向的幼儿，教师可以通过鼓励其参与小组活动、提供安全舒适的交流环境等方式，帮助其增强自信心和社交能力；对于学习进度较快的幼儿，教师可以提供更高层次的学习材料，激发其探索和挑战的欲望；而对于有特殊需要的幼儿，如身体残障或心理发展迟缓的幼儿，教师需要更加耐心地与他们沟通，采用特殊的教育方法和手段，帮助他们克服障碍，实现潜能的最大化。

4. 充分利用幼儿、家庭、社区教育资源原则

在幼儿园班级一日教育常规管理中，充分利用幼儿、家庭、社区教育资源原则是推动幼儿教育全面、和谐发展的关键。这一原则强调通过多元合作与资源共享，构建一个开放、包容、互动的教育生态系统，为幼儿的成长提供更加丰富、多元的学习环境和机会，促进他们身心的全面、和谐发展。

幼儿作为教育的主体，其自身的经验、兴趣、好奇心以及探索行为是宝贵的教育资源。教师应善于观察和倾听，从幼儿的生活经验出发，设计符合其认知特点和兴趣爱好的教育活动。通过引导幼儿参与实际操作、亲身体验、与同伴互动等过程，激发他们的学习兴趣和创造力，使他们在主动探索和发现中成长。

家庭是幼儿成长的第一课堂，家庭成员之间的情感交流、生活习惯、价值观念等都对幼儿产生深远影响。教师应积极与家庭建立密切的合作关系，通过家长会、家访、家园联系手册等多种形式，了解幼儿的家庭背景、性格特点及成长需求，并与家长共同商讨教育策略，形成教育合力。同时，鼓励家长参与幼儿园的教育活动，如亲子阅读、手工制作、户外游戏等，增进亲子关系，拓展幼儿的学习空间。

社区作为幼儿生活的重要环境，蕴含着丰富的教育资源。教师应主动与社区建立联系，利用社区的文化设施、自然环境、人力资源等开展丰富多彩的教育活动。例如，组织幼儿参观博物馆、图书馆、公园等场所，让他们了解社会、亲近自然；邀请社区专业人士来园开展讲座或授课，如请医生讲解卫生知识、消防员进行安全教育等，拓宽幼儿的视野和知识面。

（二）幼儿园班级一日教育常规管理的实施方法

幼儿园教育教学中常用的教学法多种多样。这些方法旨在激发幼儿的学习兴趣，促进其全面发展。教师应根据幼儿的年龄、兴趣、发展水平和学习目标选择合适的教学方法，并灵活运用多种方法组合教学。

1. 游戏法

游戏法是幼儿园教学中最常见且有效的方法之一，通过有趣的游戏活动，如角色扮演、模拟游戏、动作游戏等，激发幼儿的好奇心和积极性，使他们在游戏中学习新知识，培养认知能力、社交能力和创造力。游戏法符合幼儿的天性，能够让他们在轻松愉快的氛围中学习。教师运用游戏法开展班级教学活动，关键在于将教育内容融入趣味游戏中，激发幼儿的学习兴趣。教师可设计角色扮演、益智拼图、音乐律动等多种游戏，让幼儿在游戏中自然习得知识。例如，通过“超市购物”角色扮演游戏，让幼儿学习数数和货币交易，培养社交技能；通过益智拼图游戏，锻炼

幼儿的观察力和思维能力；通过音乐律动游戏，让幼儿在唱歌跳舞中感受节奏，提升艺术素养。游戏法能有效促进幼儿的身心全面发展。

2. 直观法

直观法是让幼儿直接感知认识对象的方法，包括演示法、示范法和范例法。

演示法是指教师通过向幼儿展示各种实物、图片、模型等直观教具，引导他们按照一定的顺序注意物体的各个方面和各种特征，从而获得对某一事物或现象较完整的感性认识。例如：教师可展示色彩鲜艳的图片，帮助幼儿认识动植物、交通工具等；利用实物如水果、蔬菜，让幼儿观察、触摸，了解它们的特征和用途；在数学教学时，可采用计数棒、几何图形板等教具，使幼儿直观理解数学概念。

示范法是指教师通过自己的语言、动作或教学表演，为幼儿提供具体模仿的范例。

范例法则是指教师选取具有教育意义的典型事例，供幼儿直接模仿和学习。这些方法有助于幼儿直观地理解知识，增强记忆。

直观法能够吸引幼儿的注意力，激发他们的好奇心，帮助他们更好地理解和掌握所学知识，培养观察力和思维能力，为后续的学习打好基础。

3. 操作法

操作法强调幼儿的实际操作和亲身体验。教师可提供丰富的操作材料，如积木、手工材料、实验器材等，让幼儿动手实践，从中获得知识和经验。这种方法有利于培养幼儿的动手能力、观察力和问题解决能力等。

教师运用操作法开展班级教学活动，旨在让幼儿亲自动手操作材料，促进其感知能力、思维能力和创造力的发展。教师可设计手工制作、拼图游戏、搭建积木等活动，让幼儿在操作中探索、发现和学习。例如：在手工制作中，幼儿通过剪、贴、折等操作，不仅能锻炼手部精细动作，还能培养创造力和耐心；在搭建积木时，幼儿通过尝试不同的组合方式，能加深对空间关系的理解，培养解决问题的能力。

操作法让幼儿在实践中学习，能增强他们的学习兴趣和自信心，为其全面发展奠定基础。

4. 发现法（探索法、探究法）

发现法是指幼儿在教师指导下，对所提出的主题和所提供的材料进行分析、综合、抽象和概括，自行发现并掌握相应的原理和结论的方法。这种方法容易激发幼儿的兴趣和学习动机，有益于幼儿的主动性、积极性的发挥，有利于幼儿智力、创造力和独立能力的发展。同时，它还能丰富幼儿的知识经验，有助于培养幼儿的科学素养。教师可设置问题情境，如“为什么树叶会落下”，引导幼儿观察自然现象，提出假设，并动手实验验证。在种植活动中，教师可让幼儿亲自种植、浇水、观察植物生长过程，发现生长规律。通过这种方法，幼儿不仅能获得知识，也能学会如何学习、如何独立思考。

5. 讲授法

讲授法是教师以讲解、示范的方式传授知识，引导幼儿理解和掌握新知识的方法。这种方法虽然在幼儿教育中不是主导，但对于某些需要系统讲解的知识点，仍然是一种有效的补充手段。

教师在运用讲授法开展主题教学活动时，应以生动、形象的语言，结合幼儿的生活经验和认知水平，对知识点进行清晰、简洁的讲解。例如，在讲述动物故事时，教师可以模仿动物的声音和动作，吸引幼儿的注意力，同时介绍动物的生活习性和特点。在讲解过程中，教师还可以适时提问，引导幼儿思考，帮助他们理解和记忆。讲授法应结合幼儿的年龄特点，注重趣味性和互动性，使幼儿在轻松愉快的氛围中学习知识，培养他们的语言表达能力和理解能力，为他们后续的学习和生活打好基础。

6. 观察法

观察法是教师引导幼儿有目的、有计划地感知客观事物的过程。通过观察，幼儿可以获取直观经验，培养观察能力和思考能力。教师可以组织幼儿观察自然现象、动植物生长过程、社会现象等，引导他们提出问题、思考答案。

教师运用观察法开展主题教学活动，引导幼儿通过直接观察事物，获取感性经验。教师可以组织幼儿观察并记录动植物的生长变化，如植物的高度、花朵的颜色等，让他们了解生命的过程；或者，引导幼儿观察天气变化，如晴天、雨天、阴天等，让他们认识自然现象。通过观察，幼儿能更直观地理解知识，同时培养观察力，增强专注力。教师应指导幼儿正确观察，提出问题，引导他们深入思考，使观察活动成为幼儿主动探索、发现的过程，促进其全面发展。

7. 情景模拟法

情景模拟法是通过创设生活情景，让幼儿在模拟环境中进行角色扮演，从而培养他们的社交能力和生活自理能力。这种方法有助于幼儿将所学知识应用于实际生活中，增强解决问题的能力。

教师运用情景模拟法开展主题教学活动，主要是创设贴近幼儿生活的场景，让幼儿在模拟的情景中学习知识和技能。例如，为了培养幼儿的社交能力，教师可以设置一个“小小超市”情景，让幼儿扮演顾客和收银员，进行购物和结账的练习。或者，为了教育幼儿遵守交通规则，可以模拟“过马路”的情景，让幼儿学习如何正确看红绿灯、走斑马线。情景模拟法能激发幼儿的兴趣，让他们在参与和体验中学习，同时增强他们的实践能力和解决问题的能力，为他们日后的生活和学习打好基础。

8. 互动讨论法

互动讨论法是指教师组织幼儿进行小组或集体讨论，围绕特定主题或问题发表观点、分享经验。这种方法有助于培养幼儿的沟通能力和团队合作能力，同时促进他们思维的发展。教师可选择贴近幼儿生活或兴趣的话题，如“我最喜欢的动物”“怎样保护环境”等，引导幼儿围绕主题自由发表观点。讨论中，教师要鼓励幼儿参与，用简单明了的语言表达自己的看法，同时也要引导幼儿倾听他人意见，学会尊重与理解。互动讨论法不仅能加深幼儿对知识的理解，还能培养他们的批判性思维与团队合作意识，营造积极向上的班级氛围。

9. 故事法

故事法是指通过讲述和阅读故事来进行教学。故事可以激发幼儿的想象力和好奇心，帮助他们理解和掌握知识。教师可以结合故事情节和角色设计相关的讨论、活动和绘画等环节，促进幼儿语言表达能力、认知和思维能力的发展。

运用故事法开展班级教学活动是一种寓教于乐的有效方式。教师可以选择或创编富有教育意义的故事，通过生动的讲述吸引幼儿的注意力。在故事讲述过程中，教师可以运用丰富的肢体语言和表情，帮助幼儿更好地理解故事情节和角色性格。故事结束后，教师可以引导幼儿进行讨论，围绕故事内容、人物行为或道德寓意提问，启发幼儿思考。此外，还可以让幼儿进行角色扮演，加深理解和记忆。故事法不仅能激发幼儿的学习兴趣，还能培养其想象力和语言表达能力，促进其全面发展。

10. 视听教学法

视听教学法是指利用多媒体技术和教学影音资料进行教学，将丰富的图片、声音和视频等呈现给幼儿。这种方法可以提供多样化的学习资源，激发幼儿的兴趣和注意力，有助于增强幼儿的感知和理解能力。教师可以利用多媒体教学设备，如投影仪等，展示与教学内容相关的图片、动画或视频，让幼儿通过视觉和听觉的双重刺激，更直观地理解知识。例如，播放各种动物的叫声和形象，让幼儿猜测是哪种动物，并引导他们模仿动物的动作和声音，从而加深他们对动物特征的记忆。视听教学法能够激发幼儿的学习兴趣，增强他们的观察力和听力，使教学活动更加生动有趣。

11. 自主学习法

自主学习法强调幼儿的主动参与和自我探索。教师可提供开放性的学习环境和材料，鼓励幼儿根据自己的兴趣和需求进行学习。在自主学习中，幼儿可以选择自己感兴趣的活动和任务。教师可设计一些趣味性、操作性强的学习任务，如拼图、搭积木、涂鸦等，让幼儿根据自己的兴趣和能力自主选择。在活动过程中，教师可提供必要的材料和指导，鼓励幼儿尝试、探索，允许他们犯错并从中学习。同时，设置主题墙等，让幼儿展示自己的学习成果，增强自信心和成就感。自主学习法不仅能培养幼儿的独立思考和解决问题的能力，还能促进他们个性和创造力的发展，为其终身学习奠定基础。

12. 小组合作学习法

小组合作学习法鼓励幼儿在小组中共同学习和合作。教师将幼儿分成几个小组，让各小组成员共同完成任务、解决问题或展开讨论。在小组合作中，幼儿可以互相交流和分享思想，学会倾听和尊重他人的观点，培养合作精神和团队意识。教师可为每组都分配一个明确的任务或项目，如共同完成一幅画、搭建一个模型等。在活动中，鼓励幼儿相互讨论、分工合作，共同解决问题。教师作为引导者，要观察幼儿的合作过程，适时给予指导和帮助。小组完成任务后，教师要组织全班分享，让每个小组分别展示自己的成果，增强幼儿的集体荣誉感和成就感。小组合作学习法不仅能增强幼儿的社会交往能力，还能培养他们的责任心和团队意识。

思考与练习

一、名词解释

1. 幼儿园班级保教管理：

2. 幼儿园班级保教工作的目标：

3. 幼儿园班级一日教育常规管理：

4. 幼儿园班级一日教育常规管理的目的：

二、选择题

1. 保教工作的核心是（　　）。

A. 活动　　B. 幼儿　　C. 教师　　D. 游戏

2. 在幼儿园班级管理中，教师应（　　）。

A. 关注并尊重个体差异　　B. 强求所有孩子达到同一标准

C. 忽视发展较慢的孩子　　D. 仅关注发展较快的孩子

3. 在一日活动中，教师规定幼儿只能按照特定的方式进行活动。这种行为违反了班级保教管理的（　　）。

A. 主体性原则　　B. 启发性原则　　C. 平等性原则　　D. 参与性原则

4. 在活动中，教师播放各种动物的叫声和形象，让幼儿猜测是哪种动物，并引导他们模仿动物的动作和声音，从而加深他们对动物特征的记忆。这种教学法是（　　）

A. 自主学习法　　B. 视听教学法　　C. 互动讨论法　　D. 讲授法

三、简答题

1. 保教并重是什么意思？

2. 幼儿园班级一日教育常规管理与一日生活常规管理的区别是什么？

四、论述题

1. 简述幼儿园班级保教管理的内容和关键环节。

2. 简述幼儿园教育教学方法中的游戏法。

五、案例分析题

1. 某幼儿园存在安全隐患，教学环境较差，家长担心孩子的安全和健康。如果你是这个幼儿园的园长，你会怎么做？

2. 某幼儿园中班正在开展关于“动物世界”的主题教学活动。教师王老师计划通过展示不同动物的图片、视频和实物模型，引导孩子们了解动物的多样性，并培养他们观察、描述和分类的能力。在教学过程中，王老师发现部分孩子对某些动物表现出浓厚的兴趣，而对其他动物漠不关心。此外，她还注意到一些孩子在描述动物特征时语言表述不清，分类时也显得有些混乱。

请分析王老师在教学过程中遇到的问题，并提出相应的解决策略。

第三章

幼儿园班级卫生保健和安全管理

【目标导航】

1. 了解幼儿园班级卫生保健工作，熟悉班级特殊保健内容。

2. 充分认识幼儿园班级安全管理的重要性，能正确开展班级管理中的保健工作，保证幼儿健康快乐成长。

3. 掌握幼儿园班级安全管理的各项工作及处理方法。

4. 重视和预防突发事件的发生，能对幼儿开展经常性的安全教育，培养幼儿的自我安全防范意识及对突发事件进行应急处理的能力。

【思维导图】

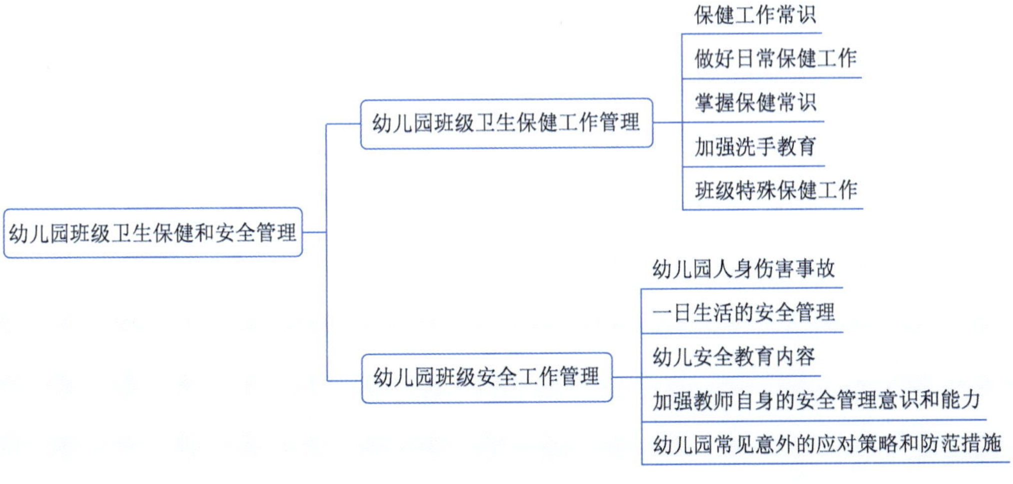

情境导入

张老师和班里的孩子相处得很愉快，她希望孩子们每天都能开心地来幼儿园，一起学习、游戏。可是班级里时常出现幼儿缺勤的情况。并不是孩子们不想上幼儿园，而是总有幼儿身体不适或生病。每当发现班级里有孩子生病请假时，张老师都很焦急。

作为孩子们的教育者与照顾者，张老师应该了解哪些保健知识呢？

第一节　幼儿园班级卫生保健工作管理

一、保健工作常识

（一）体检

（1）幼儿在入园前必须到当地妇幼保健机构或卫生行政部门指定的医疗卫生机构进行全身体格检查，经检查合格后才能入园。健康检查表上的项目应填写完整正确。

小贴士

《幼儿园工作规程》指出："幼儿入园前，应当按照卫生部门制定的卫生保健制度进行健康检查，合格者方可入园。幼儿入园除进行健康检查外，禁止任何形式的考试或测查。……幼儿园应当建立幼儿健康检查制度和幼儿健康卡或档案。每年体检一次，每半年测身高、视力一次，每季度量体重一次；注意幼儿口腔卫生，保护幼儿视力。"

一般来说，幼儿离园 3 个月以上，必须重新体检才可入园。

（2）教师应协助幼儿园保健教师做好班级幼儿的年度体检（包括身高与体重检查、视力检查、听力检查、发育筛查、肝功能检查、血常规检查等）。若体检中发现幼儿的身体健康存在问题，要及时提醒家长带幼儿到相关医院再次检查、复诊，以免延误病情。

（3）教师本人每年都应参加健康体检，必须持有健康证才能上岗。幼儿园教职工患传染病期间暂停在幼儿园的工作。

（二）药品

（1）教师不得擅自接收家长提供的药品让幼儿服用或使用。教师必须向家长强调：家长带到幼儿园的药必须是处方药，且应交予保健教师，同时填写幼儿服药登记表（表 3-1）等，由保健教师按医嘱处理。

表 3-1　幼儿服药登记表

日期	班级	幼儿姓名	服药原因	药品名称	药品剂量	家长签名

（2）教师应叮嘱家长，给服药幼儿带到幼儿园的药量应为幼儿当天在园服用的量。若是无法分配药量的药品（如眼药水、止咳药水等），幼儿离园时，教师务必提醒家长把药品带回家，严禁药品在园过夜。

（3）注意药品存放的安全问题，药品必须放在幼儿接触不到的地方。

（三）预防接种

（1）教师应提醒家长做好幼儿的预防接种工作，同时认真阅读幼儿预防接种卡上的各类信息，了解幼儿是否过敏体质等情况。

（2）教师需协助保健教师做好幼儿漏种登记工作，提醒家长及时带幼儿补种。

（四）体弱幼儿管理

（1）教师应及时了解幼儿体弱的原因，如生长发育迟缓、佝偻病、先天性心脏病、肥胖、缺铁性贫血、营养不良等。

（2）教师应严格保护家长和幼儿的隐私权，不在公开场合发布相关信息、讨论幼儿生长发育状况。

（3）根据每年的最新体检情况，保健教师应重新整理班级体弱幼儿名单，建立体弱幼儿档案。教师要清楚地知道自己班级的体弱幼儿名单和具体情况。

（4）教师应配合保健教师开展各类体弱幼儿矫治工作，促进幼儿健康成长。

二、做好日常保健工作

（一）做好幼儿的全天观察记录

教师应每天与家长做好沟通，了解幼儿到园前的情况，认真观察幼儿在园情况，并做好相应记录（表 3-2）。

表 3-2　幼儿晨检及全日观察情况记录

日期	班级	姓名	晨检情况			午检情况		全日观察情况		交班要点	
			体温、精神、口腔、皮肤等	家长代诉	处理	体温、精神、食欲、皮肤等	处理	体温、精神、食欲、大小便、睡眠	处理	用药	签名

1. 来园时与家长及时交流

（1）教师若发现幼儿情绪异常，应及时和家长沟通，了解相关情况，妥善处理，并做好记录。

（2）如果前一天幼儿在园或在家发生了特殊情况，教师应利用晨间接待的机会，与家长、幼儿简单交谈，并做好记录和处理。

2. 采取措施，防患未然

教师要防止患有传染病的幼儿进入班级。幼儿必须持有医院相关康复证明方可回班。教师若发现传染病疑似病例，应在第一时间告知保健教师及园领导，采取应急措施。

3. 做好幼儿的全天观察记录工作

教师应做好幼儿的全天观察记录，特别关注班级中有特殊情况的幼儿（比如身体不适或在服药的幼儿）。

（二）做好幼儿缺勤登记工作

（1）教师应及时了解班级里未来园幼儿的情况，填写幼儿缺勤登记表（表 3-3）。

表 3-3　幼儿缺勤登记表

序号	幼儿姓名	缺勤日期	家访日期	缺勤原因				家访形式			联系人
				因病（病名）	家中有人	走亲戚	去外地	家访	电话询问	家长请假	

（2）教师应及时对未来园幼儿进行家访，如电话家访或联系家长上门家访，并做好记录。

（3）在日常沟通中教师应要求家长及时告知幼儿不来园的原因，以便做好相关工作，如传染病隔离等。

（三）观察参加预防接种和服药等的幼儿的情况

（1）对于班级中当天参加预防接种的幼儿，教师要相应地减少其运动量，按照规定提醒其适当喝水等。

（2）对于服药的幼儿，教师要观察其在日常活动中的情况（如餐点前后、运动前后、午睡前后的情况等），及时提供帮助。

（3）教师要倾听、重视身体不适幼儿的口述，根据幼儿情况，及时请保健教师检查，判断是否联系家长带幼儿进行进一步的检查、诊断，同时避免引起家长不必要的恐慌。

（4）幼儿离园时，教师要及时和家长交流，反馈幼儿在园的情况，以便家长后续处理。

（四）做好日常体弱幼儿的护理工作

（1）教师要根据天气变化，及时给体弱幼儿增减衣物。

（2）教师可适当延长体弱幼儿的睡眠时间，如让体弱幼儿午睡时第一个睡下，最后一个起床。

（3）教师要根据体弱幼儿的身体状况，及时调整其运动量，保证其户外锻炼时间。

（4）教师可根据矫治需要，安排体弱幼儿进餐：安排肥胖儿午餐时先喝汤，再吃饭；在午餐、午点后给营养不良、生长迟缓、贫血等的幼儿添食，增加食物品种或者食物量。

三、掌握保健常识

（一）空气质量指数

空气质量指数是定量描述空气质量状况的无量纲指数。参与空气质量评价的主要污染物指标包括细颗粒物、可吸入颗粒物、二氧化硫、二氧化氮、臭氧、一氧化碳六项。

一般来说，当天空气质量如果为轻度污染，则幼儿园的户外运动适当减少；如果为中度污染，则幼儿园的户外运动减半；如果为重度污染，则幼儿园应取消当天所有的户外运动。

（二）隔离

隔离是指将传染病患者或带菌者安排在特定环境中，使其不与外界接触，能得到及时的治疗，目的是防止传染源向外扩散。

（三）消毒

消毒分为疫源地消毒和预防性消毒两种。

1. 疫源地消毒

疫源地消毒是指对现在存在或曾经存在传染源的疫源地进行消毒，目的是杀灭由传染源排出的病原体。根据实施消毒的时间，疫源地消毒可分为终末消毒和随时消毒。终末消毒是指在传染病患者或带菌者离开后，在疫源地进行一次彻底消毒。幼儿园如发现传染病，应在发病班级教室进行终末消毒。

2. 预防性消毒

预防性消毒是指没有发现明显的传染源，但因场所和物品可能受病原体的污染，也需进行消毒。如保育员每日对班级中幼儿使用的玩具、毛巾、餐具、便器等进行的 1~2 次消毒均属于此类消毒，目的是切断传播途径。

（四）检疫期限

接触过传染病患者的人叫接触者。对接触者进行医学观察称为检疫。检疫期限是从最后一例传染病患者被隔离起至该病最长潜伏期结束为止的这段时间。如在医学观察期间有新病例出现，则从最后一个患者隔离日起重新计算医学观察期。

班级中如发生传染病，教师应做好发病登记，配合保健教师及时做好传染病报告，立即隔离传染病（或疑似）患者，做好终末消毒。在医学观察期间，本班级不与其他班级并班，不升班和接收新生。环境及各种物品应严格按照要求进行消毒。

四、加强洗手教育

教师要重视并加强洗手教育，教会幼儿正确的洗手方法。

（一）洗手教育的目标

1. 小班

（1）在保教人员提醒下，幼儿知道饭前、便后及手脏时要洗手。

（2）在保教人员帮助下，幼儿知道洗手前要挽袖子。

（3）在保教人员的提醒和帮助下，幼儿能洗净双手。

2. 中、大班

（1）幼儿洗手前会挽袖子，洗手时不玩水、不玩香皂，节约用水。

（2）饭前、便后及手脏时幼儿能主动洗手。

（3）幼儿能有秩序地洗手。

（二）洗手的正确方法

七步洗手法：

第一步（内）：洗手掌，用流水湿润双手，涂抹洗手液或肥皂，掌心相对，手指并拢相互揉搓。

第二步（外）：洗背侧指缝，手心对手背沿指缝相互揉搓，双手交换进行。

第三步（夹）：洗掌侧指缝，掌心相对，双手交叉沿指缝相互揉搓。

第四步（弓）：洗指背，弯曲各手指关节，半握拳，把指背放在另一手掌心旋转揉搓，双手交换进行。

第五步（大）：洗大拇指，一手握住另一手大拇指旋转揉搓，双手交换进行。

第六步（立）：洗指尖，弯曲各手指关节，把指尖合拢在另一手掌心旋转揉搓，双手交换进行。

第七步（腕）：洗手腕，揉搓手腕，双手交换进行。

（三）手足口病的预防

手足口病又称“手口足综合征”，是由肠道病毒感染引起的急性发热出疹性传染病，常见于春夏季节。高发人群主要是婴幼儿及儿童，尤其是5岁以下的幼儿。

手足口病是一种肠道疾病，潜伏期一般为2~7天，没有明显的前期症状。多数患者突然起病，初期可能有轻度上呼吸道感染症状。手、足、口腔部位的病症在同一患者身上不一定全部出现。水疱及皮疹通常会在一周后消退。

预防手足口病的基本措施主要包括注意个人卫生、调整饮食、合理运动、保持室内空气流通、生活用品定期消毒等方面，尤其需要注意手部卫生，以免病从口入。虽然有相关疫苗可以接种，但接种疫苗并不能预防所有类型的手足口病，关键在于日常的预防。

五、班级特殊保健工作

（一）做好幼儿特殊病情处理与预防工作

幼儿的特殊病情类型不一，如高温惊厥、癫痫、过敏、脱臼、食物或异物卡住喉咙等，需进行迅速的特殊处理和照顾。

1. 高温惊厥

高温惊厥在幼儿惊厥中最为常见，一般发生在体温骤升达到38.5 ℃至39 ℃时。幼儿会出现意识丧失，全身对称性、强直性阵发痉挛，还伴随双眼紧闭、斜视、上翻等情况。

（1）处理办法。

教师应保持幼儿的呼吸道畅通，让患儿平卧，头偏向一侧，托起幼儿的下颌，防止幼儿的舌根后坠堵塞呼吸道，用拇指按压幼儿的人中穴。需给患儿进行物理降温，同时立即送患儿至医院或拨打120急救。

（2）预防措施。

幼儿入园前，教师应及时了解幼儿有无高温惊厥史。加强全日观察，一旦发现幼儿发热，需立即做好物理降温或及时就医工作。

2. 癫痫

癫痫俗称“羊角风”，是大脑神经元突发性异常放电导致短暂的大脑功能障碍的一种慢性疾病。

（1）处理方法。

幼儿发病时，教师应立即扶住幼儿，尽量让其慢慢躺下，以免跌伤。在幼儿未紧闭嘴之前，迅速将软布等垫在幼儿上下齿之间，防止幼儿咬伤舌头。若幼儿已经倒地且面部着地，教师应马上为其翻身，以免其呼吸道堵塞。此时若幼儿已紧闭牙关，教师不可强行撬开，否则易造成牙齿松动脱落。教师可解开幼儿的衣领和裤带，使其呼吸畅通。应始终守护在幼儿身旁，随时为幼儿擦除呕吐物，避免呕吐物被吸入气管，并及时带幼儿就医或拨打120急救电话。

（2）预防措施。

幼儿入园前，教师应询问家长或请家长及时告知幼儿有无癫痫史。教师应加强全日观察，一旦发现幼儿发病，应迅速处理，并安排幼儿及时就医。

3. 过敏

过敏即对某种物质过度敏感，具体是指对某些物质（如花粉、食物或药物）、境遇（如情绪激动或暴露在阳光下）或物理环境所产生的超常的或病理的反应。

（1）处理方法。

教师应准确了解幼儿的过敏原，并及时采取隔离或消除措施。如幼儿已过敏，教师应立即带其离开过敏原，避免其再接触。必要时应立即送幼儿至医院就医。

（2）预防措施。

幼儿入园前，教师应询问家长或请家长及时告知幼儿有无过敏史。教师如果发现环境中有过敏原，应采取相应措施或及时送幼儿就医。如：避免餐点中的某些易致敏食物（如虾等海鲜），调整食谱，更换为有同等或相似营养价值的食物；幼儿若对花露水过敏，被蚊虫叮咬后，教师切勿给幼儿使用花露水，可改用其他止痒药。

4. 脱臼

脱臼又称关节脱位，是指构成关节的上下两个骨端脱离了正常的位置，发生了错位。

（1）处理方法。

一旦幼儿发生脱臼，教师应尽可能在帮助幼儿进行妥善固定后，迅速带幼儿就医。注意为幼儿脱衣时，应先脱正常一侧，再脱受伤一侧，穿衣服则相反。

（2）预防措施。

幼儿入园前，教师应明确幼儿有无脱臼史，家中经常采用的处理办法有哪些。在日常工作中教师要注意避免让幼儿易脱臼的关节用力，必要时迅速带幼儿就医。

5. 食物或异物卡住喉咙

食物或异物卡住喉咙时有发生，若卡得比较浅，幼儿咳嗽几下即可将食物或异物咳出来。幼儿年龄小、自我保护能力较差，因此教师应经常提醒幼儿吃东西时不能大声说笑、不要把物品往嘴里塞等。

幼儿出现食物或异物卡住喉咙的情况时，教师应第一时间将幼儿送至医院，并在医嘱下及时开展科学救助。按照幼儿年龄，急救对象可分为以下两类。

（1）3 岁以下幼儿。

教师应立即把幼儿抱起，一只手捏住其颧骨两侧，手臂贴着幼儿前胸，另一只手托住其后颈部，让其趴在教师膝盖上，脸朝下。在幼儿背上拍 1~5 次，并观察其是否将异物吐出。

（2）3 岁以上幼儿。

教师应站在幼儿背后，用两手臂环绕幼儿的腰部，然后一手握拳，将拳头的拇指一侧放在幼儿胸廓下和脐上的腹部。再用另一只手抓住拳头，快速向上重击压迫幼儿的腹部。重复以上手法直到异物被吐出。

（二）做好入园幼儿的保健工作

1. 入园幼儿易生病的原因

（1）幼儿自身体质特点。

幼儿机体抵抗力比较差，身体各器官尚未发育成熟。他们需要拥有均衡的营养、充足的睡眠、一定的户外锻炼。否则，内外因素作用，幼儿就很容易生病。

（2）情绪焦虑。

小班幼儿刚入园时，因为与依恋对象分离，容易对陌生环境和陌生人产生不安全感和恐惧感，出现分离焦虑。一个人的情绪反应、认知水平、个性特征等心理方面的因素也会影响其身心健康。

缓解入园焦虑小妙招

（3）生活规律改变。

平时幼儿在园有固定的作息时间，但一到节假日，家长可能会让幼儿晚睡晚起，或带幼儿走亲访友、旅行等，打乱幼儿的生活规律。这种不规律的作息会导致幼儿的生物钟紊乱，影响免疫系统的正常功能，从而导致幼儿生病。

（4）交叉感染机会增多。

幼儿园是一个密集的环境。幼儿之间接触频繁，病毒和细菌容易在幼儿之间传播，导致集体生病。

（5）天气变化。

天气变化会导致幼儿生病，特别是在春季和秋季入园时。春季天气乍暖还寒，时冷时热，尤其在我国的南方地区，雨季长，空气潮湿。秋季天气多变，有时连晴几天，有时碰上雨天，温度骤降。此外，入秋后，早晚的温差也较大，在我国北方尤其明显。故幼儿在春秋季很容易因穿脱衣服不及时，出现呼吸系统、消化系统等方面的疾病。

2. 做好入园幼儿保健工作的途径

（1）家园沟通，保证幼儿作息规律。

教师要让家长了解幼儿园的一日生活安排，配合幼儿园工作，保证幼儿作息规律，如：安排无午睡习惯的幼儿午睡；晚上让幼儿按时睡觉，充分休息；在两餐间配置点心、水果等；合理安排幼儿的作息时间，注意动静交替，防止幼儿兴奋后过度疲劳等。

（2）做好幼儿的心理辅导，减少其分离焦虑。

① 幼儿入园前，教师要鼓励家长常带幼儿去幼儿园游玩，与幼儿共同阅读相关书籍，使幼儿明白上幼儿园是每个幼儿必经的阶段，那里有很多小朋友一起游戏和学习，每天放学后就能和亲人一起回家，以增强幼儿对幼儿园的向往感。

② 幼儿入园时，教师要提醒家长：学会做“狠心”的父母，做到冷静，给予幼儿情感的安慰与鼓励之后，安静离开。家长在幼儿面前流露出不舍与担心的情绪会影响幼儿。对于新入园的幼儿，家长尽量早点来接其回家，因为幼儿等待较长时间，易出现情绪的反复，不利于其第二天来园。

③ 教师可引导家长做一个倾听者，鼓励幼儿回家分享在幼儿园发生的开心的事，如幼儿园有什么新玩具，他认识了哪些新朋友，学会了什么新本领……让幼儿觉得上幼儿园是一件快乐的事，这样有利于其对幼儿园产生良好的情绪体验。

（3）开展多重训练，增强幼儿的自理能力。

① 教师可引导家长利用夏天衣物穿得少的机会，让幼儿学习自己穿脱衣裤、独立大小便，培养幼儿的自理能力，并鼓励其大胆说出自己的需要和想法，如“我要喝水”。当幼儿出现“尿裤子”“穿反鞋”等情况时，家长不应训斥，而应耐心地给幼儿讲道理，反复做示范，避免幼儿产生挫败感。

此外，在锻炼幼儿自理能力时，教师需让幼儿有及时增减衣服的意识，并让其学会勇敢地向教师表达自己冷热的需求。

② 教师应请家长为幼儿准备穿脱方便的衣物、鞋子。建议家长不要给幼儿穿背带裤和过紧的裤子，以免幼儿因穿脱不便而“尿裤子”；给幼儿选轻巧、透气的鞋子，最好不选系鞋带的鞋子，以免幼儿出现穿脱困难、踩鞋带摔跤等情况。

③ 教师应引导家长平时在家鼓励幼儿多喝开水，多吃蔬菜、水果，保证饮食多样化，纠正其挑食、偏食的不良习惯；切忌用零食代替正餐，否则会影响幼儿进餐的食欲，长此以往，会导致幼儿免疫力下降，易生病。

（4）正确看待幼儿患病，科学治疗疾病。

教师应让家长明白：幼儿从一个被精心照顾的小环境进入集体环境后，在生理上会有不适应感，加上接触的小朋友多，环境复杂，接触病原体的机会较多，患病的次数自然也会相应增多。但同时，幼儿的身体对各种接触的病原体会产生抗体，其免疫力也会逐渐增强。当幼儿患病时，教师要配合家长遵照医嘱，给予幼儿科学的治疗。

第二节　幼儿园班级安全工作管理

一、幼儿园人身伤害事故

幼儿园人身伤害事故是指幼儿在园期间和离园参加幼儿园组织的集体活动（如春游或秋游、节日庆祝活动等）而处于幼儿园管理范围内时所发生的人身伤害事故。

造成幼儿人身伤害事故的原因主要有五个方面：

（1）幼儿园教育管理方面：教师玩忽职守、责任心差，规章制度不健全。

（2）幼儿园设施设备方面：幼儿园设施设备老化、破损，安全防护措施不到位。

（3）幼儿自身方面：幼儿体质比较特殊。

（4）家庭教育方面：家长教育不当，导致幼儿存在不良的生活习惯，心理承受能力差。

（5）外来原因及意外事件：不可抗力或突发事件导致意外等。

二、一日生活的安全管理

（一）接送安全

（1）教师要按时到岗，检查教室内有无安全隐患。认真接待来园的幼儿，观察幼儿的脸色，向家长询问幼儿的身体情况。禁止幼儿携带细小、尖锐的危险物品。如发现幼儿有危险物品，应及时请家长带回或代为保管。不接受家长给予的幼儿口服药，提醒并要求家长按照规定交给幼儿园保健教师。

（2）家长要亲自将幼儿送到班级教师手中，不能让幼儿自己入园，防止幼儿在园内自由走动或玩耍出现意外。对要求自己入园的幼儿，教师要及时和家长沟通，向家长提出安全的要求。为了保障幼儿的安全，做好安全防范工作，许多幼儿园在幼儿接送制度上实行“幼儿接送卡”制度，家长须凭卡入园接送幼儿。

（3）对因家长原因被送至早护导处的幼儿，教师应及时向早护导教师询问相关幼儿情况，做好交接工作。

（4）对新入园的幼儿、情绪不好的幼儿或特殊幼儿，教师应重点关注，防止幼儿发生意外等。

（5）教师要组织好幼儿的晨间活动，不能只顾与家长交流等而忽略了班级中来园活动的幼儿。

（6）教师在带班时间不可接听私人电话，应以幼儿为中心，视线不离开幼儿。

（7）幼儿离园时，教师要把幼儿交到家长手中。对于有特殊情况的幼儿（生病的幼儿、当天表现异样的幼儿、与其他幼儿发生纠纷的幼儿等），教师须及时告知家长，详述幼儿在园情况，并提出希望家长配合的要求和具体方法。

（8）如不是家长本人来接幼儿或更换了日常接送人员，家长应提交书面说明或打电话与教师提前联系。教师核对来接者身份之后，才能把幼儿交给其带走。未成年人不得接送幼儿。

（9）教师要及时登记被送至晚护导处幼儿的信息（班级、姓名、家长联系电话等），当面与晚护导教师交接。若幼儿有特殊情况，教师应请晚护导教师告知幼儿家长或本人直接打电话联系幼儿家长。

案例

下午放学后，孩子们基本上都已经被家长接走了。王老师急匆匆地找到李老师："天天不知被谁接走了，我怎么也想不起来了……"说着就哭了起来。

李老师一边安慰王老师（天天的父母离婚，天天平时和爸爸一起生活），用办公室电话打给天天的爸爸（手机却关机了），一边询问接送时段的一些细节。

"天天会自己回家吗？"

"不会。刚才我已经去过他家了，但家里没有人。"

"是陌生人接的吗？"

"今天接的家长我都回忆了一遍，没有生面孔。"

"他有没有和同伴一起走呢？"

"刚才我打电话问了天天的几个好朋友，他们都说没有。"

"那平时都有谁接天天呢？"

"一般都是天天的爸爸来接他的呀。今天我印象中天天的爸爸没有来接，所以着急得要命！"

王老师正在纠结中，办公室电话响了。"谁打我电话呀？"是天天的爸爸打来的。原来天天的爸爸临时出差赶不回来，就请同事（隔壁班幼儿家长）帮忙接天天。因为家长都很熟悉，所以王老师也没有特别的印象。

思考：从这个案例中我们可以吸取哪些教训和经验？

（二）交接班安全

1. 早晚班教师交接

班级教师早晚班交接要执行严格的安全交接，如：交班教师应与接班教师交流上午幼儿的整体情况，认真填写交接班记录，记录幼儿出勤情况、健康状况、情绪情况，有特殊情况的幼儿的注意事项等；对因病缺勤或在园发生不严重的事故的幼儿，应在交接时特别指出，一是明确责任，二是提醒接班教师注意照顾，三是便于把事情经过及时向家长解释和交代清楚，消除家长的误会，减轻家长的顾虑。

2. 代班时的交接

临时进入别的班级开展代班工作时，代班教师须第一时间与代班班级的教师进行交流，询问班级幼儿的整体情况和特殊情况，以便安全开展代班工作。同时做好进班之前和之后的交接工作。

（三）如厕、盥洗

（1）幼儿如厕、盥洗时，教师要站在卫生间或盥洗室门口组织好幼儿，叮嘱幼儿不可推跑，要按顺序如厕、盥洗，避免拥挤。

（2）教师要引导幼儿洗手时用小水流洗手，防止水溅到身上，洗完后随手关好水龙头。保持洗手间、卫生间地面干爽，以免幼儿滑倒。

（3）教师要管理好并教幼儿正确使用洗涤用品。

（4）教师应将消毒液、洗涤剂和杀虫剂等放置在幼儿接触不到的地方，并妥善保管好。

（四）进餐

（1）注意热源不得进班。

（2）幼儿饭菜的温度要适宜，汤、饭、菜等应放在安全的地方，避免烫伤幼儿。

（3）教师分发食物时不要越过幼儿头顶传递，应从侧面送给幼儿。

（4）教师要提醒幼儿细嚼慢咽，吃饭时不大声喧哗。

（5）教师要引导幼儿在咽下最后一口饭后及时漱口，避免幼儿把饭菜含在口中入睡。

如何培养幼儿良好的进餐习惯？

（五）室内活动

（1）教师要随时注意观察幼儿的活动情况，发现问题及时妥善处理。

（2）教学活动前，教师要对玩教具及活动场地等进行检查，对不利于幼儿活动和安全的物品要及时清理。

（3）在活动中教师要教幼儿掌握正确的活动方法和操作方法。

（4）教师使用电教器材时，要规范操作，防止幼儿触摸，用完立即切断电源。

（六）户外活动

（1）教师要检查幼儿的服装、鞋，并做好准备工作。

（2）教师要观察幼儿的脸色、情绪，尤其是有特殊情况的幼儿，及时调整活动内容。

（3）教师要检查户外器材，做好防范工作。

（4）活动结束后，教师要及时清点幼儿数量。

拓展阅读

安全小儿歌

早操安全

小朋友，听信号，早操时间已来到，顺着安全标志走，不推不挤不打闹。排好队伍做早操，伸伸臂，弯弯腰，踢踢腿，蹦蹦跳，天天锻炼身体好。

游戏安全

户外接受阳光照，小朋友们兴趣高。必要准备要做好，自我保护更重要。高高兴兴做游戏，遵守规则不乱跑。安全锻炼长本领，身体健壮发育好。

案例

一日午睡时，保教人员发现小班少了一名幼儿。几名保教人员立刻分头前去寻找，同时报告园长，最终在幼儿园户外喷水池边一座小桥上找到了这名幼儿，却发现该幼儿已无生命体征。

原来前一天教师曾经带幼儿们去水池边玩过。大家都玩得很开心。那名幼儿可能还想着昨天的情景，于是在教师不注意的时候自己到那边去玩，才发生了意外。

在幼儿园一日生活中，比如在每天的早操时间，经常可以看见幼儿们排了长长的队伍。早操结束后，教师走到了二楼，有的幼儿还在一楼，回到教室的时候教师又没有清点人数，就很容易导致类似的情况发生。所以教师不应让幼儿离开自己的视线，在室外活动结束后一定要清点人数。

（七）午睡

（1）教师要注意有特殊情况的幼儿（如服药、脸色不好的幼儿等）。

（2）教师要按时、及时巡视，不得擅自离开寝室。

（3）教师要留意幼儿睡姿、枕边有无小物件（发卡、小玩具等）。

（4）教师要注意睡上铺幼儿的上下床安全。

案例

一向乖巧的圆圆小朋友今天的表现有些反常。原来平时很早入睡的她，今天竟然失眠了。在午睡时间，她盯着天花板，翻来覆去怎么也睡不着。

过了一会儿圆圆小声说："方老师，我想上厕所。"

"你不是刚上过厕所吗，怎么又要去?"但方老师转念一想，孩子要上厕所，就让她去吧，不然憋尿对身体不好。于是方老师就让圆圆去了。

可是接下来，圆圆隔几分钟就要上厕所。她一直进进出出，其他睡着的孩子也被她吵醒了，整个午睡秩序被严重破坏。

思考：如果小朋友睡不着，我们可以采用哪些方法让她顺利入睡呢?

拓展阅读

幼儿园午睡安全注意事项

1. 确保寝室环境整洁，避免安全隐患。在寒冷季节，保育员应在午睡前半小时关窗，在其他季节全天开窗通风。这有助于幼儿舒适地入睡，同时避免了因通风不当导致的安全隐患。

2. 让幼儿躺在舒适的床上午休，不要让幼儿趴在桌子上午休，以防幼儿大脑出现缺血、缺氧的症状。

3. 每个幼儿的床铺、被褥、枕头均有统一标志，寝具专人专用。床铺的标志在床体右上角，标志清晰；被褥、枕头均绣有幼儿姓名，便于教师、幼儿分辨。

4. 在幼儿午休之前，不要让幼儿吃太油腻的东西，也不要让幼儿吃得太饱。饭后不要让幼儿剧烈运动或马上午休。

5. 排除午休环境中的不安全因素。检查幼儿口腔内是否有食物残渣，谨防幼儿将尖锐、坚硬或细小的物品，如小刀、缝衣针、纽扣、豆子、小石子等带到床上。

6. 关注幼儿的睡眠习惯，引导他们养成良好的睡眠习惯，如按时入睡、按时起床等。

三、幼儿安全教育内容

在一日生活中，教师要重视对幼儿的安全教育，帮助幼儿增强自我安全防护意识和能力，让幼儿知道必要的安全保健常识，学会保护自己。

幼儿日常安全教育内容有如下几个方面。

（一）交通安全教育

（1）让幼儿了解基本的交通规则，如“红灯停、绿灯行”，行人走人行道，走路靠右行，不要在马路上踢球、奔跑、做游戏，不横穿马路等。

（2）让幼儿认识交通标志，如红绿灯、人行横道线等，并且知道这些交通标志的意义和作用。

（3）教育幼儿从小要有交通安全意识，养成遵守交通规则的良好习惯。

（二）消防安全教育

（1）让幼儿懂得玩火的危险性。

（2）让幼儿掌握简单的自救技能。如：教育幼儿一旦发生火灾要马上逃离火灾现场，并及时告诉附近的成人；当火灾发生，自己被烟雾包围时，要用防烟口罩或毛巾捂住口鼻，并立即趴在地上，在烟雾下面匍匐前进。

（3）带幼儿参观消防队，看消防队员的演习，请消防队员介绍火灾的形成原因、消防车的作用、灭火器的使用方法及使用时应注意的事项等。

（4）定期进行火灾疏散演习。

拓展阅读

儿童火灾逃生的 12 种方法

1. 知道火灾逃生路线。在家里或者学校，家长和教师应该让儿童了解火灾逃生路线。他们需要知道哪些门和窗户是可以作为逃生通道的，以及逃生的最佳路径。

2. 开展逃生演习。定期的火灾逃生演习可以帮助儿童熟悉逃生路线和逃生的步骤，有助于儿童在遇到真正的火灾时做出正确的反应。

3. 沉着冷静。在火灾发生的时候，儿童很容易感到恐慌。因此，家长要教育儿童保持冷静，不要乱跑，这样才有机会逃生。

4. 警惕烟雾。烟雾是火灾中最大的威胁之一，它会迷惑人们的视线，造成呼吸困难。因此，儿童需要学会低姿势匍匐前进，避免遇到火灾时吸入过多的烟雾。

5. 使用毛巾捂住口鼻。在逃生的过程中，儿童可以用湿毛巾或者衣服捂住口鼻。

6. 通过窗户逃生。儿童应该学习通过窗户逃生的正确方法。

7. 判断门的安全性。在逃生的过程中，儿童要学会判断门的安全性，如果发现门上有火焰或者热度，就不要打开门，可以选择其他通道逃生。

8. 意识到火灾报警器的重要性。大多数家庭和学校都安装了火灾报警器。儿童需要知道火灾报警器的作用并且知道当听到报警器响起时要采取什么样的行动。

9. 掌握打电话报警的方法。在遇到火灾时，及时报警是至关重要的。儿童需要掌握如何拨打电话报警并且告诉接警员自己的地址和情况。

10. 不要返回起火区域。在成功逃生之后，儿童千万不要返回起火的区域，哪怕是为了取回贵重物品。

11. 寻找避难点。在逃生的过程中，儿童需要尽快找到避难点，在那里等待救援人员的到来。

12. 接受心理疏导。火灾对于儿童来说是一种心理创伤。因此，家长要及时给予儿童心理上的疏导和安慰，帮助他们尽快恢复正常的生活状态。

（三）食品卫生安全教育

教师要教育幼儿做到以下几点。

（1）不吃过期变质、腐烂、有异味的食物。

（2）不随便捡食和饮用不明物质。

（3）不随便吃药，若要服药，一定要按医生的吩咐在成人的指导下服用。

（4）进食热汤或喝开水前必须先吹一吹，以免烫伤。

（5）吃鱼时，要把鱼刺挑干净。

（6）进食时不嬉笑打闹。

（7）创造良好的用餐气氛。

（四）防触电、防溺水教育

教师要教育幼儿做到以下几点。

（1）不能随便玩电器、拉电线，不用剪刀剪电线，不用小刀刻划电线，不将铁丝等插到电源插座里等。

（2）一旦发现触电事故，不能用手去拉触电的人，而应及时切断电源，或者用干燥的竹竿等不导电的东西挑开电线。

（3）不能私自到河边玩耍，不能将脸闷入水中，不能私自到河里游泳。当同伴失足落水时，要及时就近呼叫成人前来救援。

（五）幼儿园玩具安全教育

教师要教育幼儿做到以下几点。

（1）玩大型玩具如滑梯时，不能拥挤，前面的幼儿还没滑到底并离开时，后面的幼儿不能往下滑。

（2）荡秋千时，要坐稳，双手拉紧两边的秋千绳。

（3）玩跷跷板时，要坐稳，双手抓紧扶手。

（4）玩中型玩具游戏时，不得用棍去打其他幼儿的身体，特别是头部。

（5）玩小型玩具时，不能将玩具放入口、耳、鼻中，以免造成伤害等。

（六）幼儿生活安全教育

家园要配合同步进行幼儿生活安全教育，让幼儿做到以下几点。

（1）正确使用小剪刀。

（2）运动和游戏时要有秩序，不拥挤推撞。

（3）在没有成人看护时，不能从高处往下跳或从低处往上蹦；平常不乱攀爬树、墙、窗台，不从楼梯扶手往下滑。

（4）推门时要推门框，不推玻璃，手不能放在门缝里。

（5）乘车时不在车上来回走动，手和头不伸出窗外。

（6）不轻信陌生人的话，未经家长或教师允许不跟陌生人走。

（7）不随意开启电器，特别是电熨斗、取暖器等，不玩电线与插座。

（8）学会看一些标志，知道哪些物品有危险、不能玩、要远离等。

（七）简单自救方法

教师要教育幼儿做到以下几点。

（1）了解 110、119、120 这些特殊号码的用途。

（2）熟记自家地址和电话号码、父母姓名，不轻信陌生人，一人在家时不随意开门。

（3）知道遇到困难可向警察或者家长、教师求助。

四、加强教师自身的安全管理意识和能力

（一）严格执行规范的安全制度

教师要熟悉幼儿园一日生活各环节的安全工作，知晓幼儿园的安全制度，并能在日常工作中严格执行。

（二）参加安全教育和必要的安全技能培训

教师要认真参加幼儿园及上级教育部门组织开展的安全教育和安全技能培训，比如学习教师一日工作常规、幼儿安全事故应急处理办法、消防知识等。

（三）学习相关的法律法规，储备相关知识

教师要认真学习《中华人民共和国民法典》《中华人民共和国教育法》《中华人民共和国义务教育法》《中华人民共和国学前教育法》《幼儿园工作规程》《幼儿园管理条例》等法律法规，吸取各类案例中的经验、教训，强化自己的责任心，增强自己对安全事故的预见性，设法避免事故的发生。

（四）加强对家长的安全意识教育

教师要在日常工作中通过班级家长会、家长园地等向家长宣传安全教育知识等，加强家长的安全意识，让家长了解幼儿园和班级教师在幼儿安全方面所做的工作，并积极配合幼儿园和班级教师做好相关的安全工作。

五、幼儿园常见意外的应对策略和防范措施

（一）幼儿园常见意外的应对策略

1. 同伴抓伤或咬伤

因争夺玩具或位置、受欺负、意见不合、不会谦让等原因，幼儿之间不可避免地会出现抓伤、咬伤、打伤等情况。

应对策略：不会协商是引发争执的最主要原因。教师可以教给幼儿与同伴交往的方法和技巧。比如，对于想玩对方玩具的幼儿，教师可以引导他通过交换和商量的方式获得对方的同意，并告诉幼儿如果被对方拒绝，不可以鲁莽冲动地去抢夺。

2. 跌伤或撞伤

幼儿在活动时，因自我保护能力较弱，彼此之间躲闪不及，易发生冲撞、磕碰、跌伤、撞伤等意外情况。

应对策略：教师要提前讲明活动规则，提醒幼儿注意脚下安全，注意排队，保持秩序井然，不可做危险动作，同时要学会及时躲避他人带来的危险。

3. 烫伤、烧伤

开水、热粥等易导致烫伤，烫伤部位一般集中于头、脸、颈和胸部。

应对策略：教师带幼儿到公共场所用餐时，应随时注意幼儿的行踪。避免将热水放在幼儿可以触碰到的范围内。一旦幼儿发生烫伤，教师应马上用洁净的自来水为幼儿冲洗，以减轻疼痛，消除水肿。若伤情严重，教师不可大意，须立即将幼儿送往医院治疗。

（二）幼儿园常见意外的防范措施

1. 七条幼儿应该知道的安全清单

（1）在教室里不要跑，避免撞到桌角。

（2）不带尖锐的、小颗粒的物品等进入幼儿园。

（3）走楼梯时，要看好脚下，不能推别人。

（4）小玩具、小饰物等不要衔在嘴里玩，也不要放进鼻子和耳朵里。

（5）感到身体不适或跌倒、摔伤后要及时告诉教师。

（6）不吃陌生人给的东西，不跟陌生人走，离开集体时要和教师打招呼。

（7）能记住并能说出自己的姓名、家长的姓名和电话、住址。

2. 一个安全主张

在意外中摔伤、骨折的大多是体能和协调能力相对较差的幼儿。事实上，注意安全并不等于限制幼儿的活动。为了避免安全事故而减少幼儿活动的想法是得不偿失的。只有让幼儿更强壮、

灵活，才能更好地预防幼儿受伤。

（三）突发事件发生后的善后处理

1. 幼儿方面

（1）及时处理。

教师应懂得相应的护理知识，对受伤者的护理应根据其身体状况和受伤程度、受伤部位采取相应的护理方法。当幼儿受伤时，教师要马上判断幼儿受伤的大致程度。程度轻的，如表皮擦伤等情况，教师可自行处理；程度重的，如伤口流血、骨折等情况，教师应立即请幼儿园医生帮助处理。幼儿园医生不能解决的，教师要马上送幼儿去医院或拨打 120 求助，不得延误治疗时机。

（2）保护幼儿的心理。

幼儿受到伤害后，往往容易产生恐惧心理。教师应及时帮助幼儿消除恐惧，给予更多的关爱，鼓励他们勇敢面对。对于一个幼儿对另一个幼儿造成伤害的事故，教师千万不要过分指责伤害者，教育要适可而止，以免让伤害同伴的幼儿产生过重的心理负担。

（3）抓住教育契机。

幼儿身边出现了安全事故，教师应抓住这一教育契机，引导幼儿讨论事故发生的原因及避免事故的做法，使全体幼儿得到直观的安全教育。同时，还应教育全体幼儿关心受伤的幼儿，渗透情感教育。

2. 家长方面

（1）及时通知受伤幼儿的家长。

幼儿在园发生安全事故后，教师应及时告知家长真实情况，并征求家长的处理意见，不要等到家长来园接幼儿时才说，应尊重家长应有的知情权。

（2）做好家长的安抚工作。

幼儿发生安全事故，家长都会难受，有的家长在言语上表现出通情达理，有的家长则会一改往日的温和，对幼儿园或教师大加指责。不论家长态度如何，教师都应换位思考、理解家长，主动上门诚恳地向家长致歉，并详细地讲述事故发生的经过，与家长交流对幼儿的日后护理，协调好与家长的关系。

思考与练习

一、名词解释

1. 高温惊厥：

2. 癫痫：

3. 幼儿园人身伤害事故：

二、选择题

1.《幼儿园工作规程》指出，幼儿园应当每季度为幼儿测量体重____次。

A. 1　　B. 2　　C. 3　　D. 4

2. 幼儿离园超过（　　）个月，必须重新体检才可入园。

A. 1　　B. 2　　C. 3　　D. 4

3. 下列说法正确的是（　　）。

A. 幼儿能随便玩电器、拉电线，不用剪刀剪电线，不用小刀刻划电线

B. 一旦发生触电事故，幼儿不能用手去拉触电的同伴，而应及时切断电源

C. 一旦发生触电事故，幼儿不可以用干燥的竹竿等不导电的东西挑开电线

D. 当同伴失足落水时，幼儿可以自行跳入水中救助落水的同伴

三、简答题

1. 入园幼儿容易生病的原因是什么？如何做好入园幼儿的保健工作？

2. 突发事件发生后，教师应如何做好善后处理？

3. 教师在交接班时应做好哪些工作？

四、论述题

幼儿园常见意外有哪些？对此教师如何应对？可以采取哪些措施进行防范？

五、案例分析题

某幼儿园大班幼儿午睡前，教师在游戏区督促幼儿收拾整理使用的游戏材料。几名幼儿提前收拾好后就在休息区玩，其中欢欢没有站稳，不小心摔倒在地上。王老师立即检查欢欢的身体，发现其没有外伤，两只胳膊也能动。欢欢自己感觉到有点疼但没有异常反应。王老师便正常安抚其入睡。交接班时，王老师离开得匆忙，一时疏忽，未将该情况告诉下午班的张老师。幼儿起床时，张老师发现欢欢穿衣服时抬不起胳膊，翻开衣服发现其左肩处红肿，随即将欢欢送到医务室。保健医生检查后，建议马上带欢欢到附近医院拍片检查。经医院检查，欢欢锁骨骨折。之后幼儿园通知欢欢的父母。欢欢的父母很快将欢欢带回家，于第二日告知幼儿园欢欢住院，并要求幼儿园赔偿。

请结合所学内容，对此事件进行分析。

六、主题讨论

针对新闻中多起有关校车接送幼儿时闷死幼儿事故的报道，讨论、分析事故发生的原因，找出存在的问题，并提出行之有效的措施。

第四章

幼儿园班级环境管理

【目标导航】

1. 了解幼儿园班级环境、幼儿园班级环境管理的概念及幼儿园班级环境管理的意义。

2. 掌握幼儿园班级物质环境和精神环境管理的方法，并能够在实践中模拟创设幼儿园物质环境和精神环境。

3. 树立物尽其用、不过度装饰的环保理念，形成文化育人、环境育人的观念，明确服务幼儿的理念。

【思维导图】

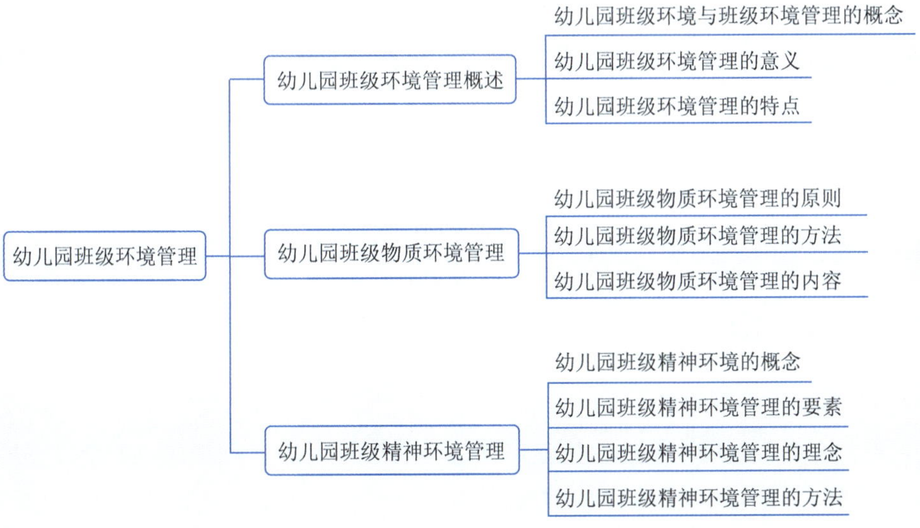

情境导入

学期初，张老师结合幼儿园工作计划和本班学期计划进行班级环境创设，如制作主题墙、布置班级区角等。张老师说，每个学期初教师们都会为班级环境创设忙活一阵子，但是也会产生这样的疑惑：创设班级环境后要不要进行管理？很多一线教师都认为环境是需要管理的，但是对于如何管理，教师们都比较迷茫。在创设与管理班级环境的过程中，教师、幼儿和家长的角色分别是什么呢？班级环境管理有没有更加有效的方法呢？

我国古代教育家墨子提出的“染于苍则苍，染于黄则黄。所入者变，其色亦变”观点及“孟母三迁”的故事都说明环境影响教育。环境是一种隐性教育资源。教师在幼儿园班级环境管理中不仅仅是创设者，更是管理者。

那么教师应如何对班级环境进行有效的管理并充分发挥人与物的作用呢？

第一节　幼儿园班级环境管理概述

一、幼儿园班级环境与班级环境管理的概念

（一）幼儿园班级环境

幼儿园班级环境是指在幼儿园的班级中，对幼儿身心发展产生影响的物质和精神要素的总和。班级是幼儿园的基本单位，但是幼儿的活动场所不仅限于在班级教室中，还包括本班教室外的场所，如户外活动场地、园内各种功能室等。

（二）幼儿园班级环境管理

说到幼儿园班级环境，在一般情况下很多人会把它与“创设”相联系，而忽略“管理”。“创设”是指创造。“管理”是在特定的环境条件下，以人为中心，对组织所拥有的资源进行有效的决策、计划、组织和控制，以便达到既定目标的过程。“管理”是一个综合过程。由此可见，幼儿园班级环境创设是幼儿园班级环境管理的一个环节。本书中的幼儿园班级环境管理既包括与幼儿生活和学习等相关的所有室内外物质环境管理，也包括教师和幼儿之间形成的教育氛围和人际关系等精神环境管理。

二、幼儿园班级环境管理的意义

《幼儿园教育指导纲要（试行）》中指出：“幼儿园应为幼儿提供健康、丰富的生活和活动环境，满足他们多方面发展的需要，使他们在快乐的童年生活中获得有益于身心发展的经验。”可见，幼儿园班级环境管理和日常教学活动是同等重要的。良好的班级环境对幼儿的健康发展具有

十分重要的意义。

（一）良好的班级环境有助于幼儿建立归属感

马斯洛需求层次理论表明，除了生理需求外，人最基本的需求就是安全需求。陌生的环境会给第一次从家庭走向幼儿园的幼儿带来心理上的焦虑，而有家庭氛围的班级环境会让幼儿有熟悉感，如暖色的窗帘、“娃娃家”、依恋物的布置等，能让小班幼儿产生良好的归属感，缓解他们的入园焦虑。在中、大班教室中进行幼儿生活中常见的生活场景（如幼儿园附近的超市、医院、饭店等环境）的创设有利于幼儿建立对幼儿园和班级的归属感，促进其心理健康发展。

（二）良好的班级环境有助于幼儿养成良好的习惯

幼儿期是幼儿习惯养成的重要时期，而精心设计的环境是“会说话”的。幼儿园班级环境对幼儿的生活习惯、行为习惯和学习习惯的养成都有一定的暗示作用。如：班级盥洗室墙面上贴着的“七步洗手法”的图示提醒幼儿按步骤洗手；班级教室门口墙面上提供的签到牌和挂钩暗示幼儿自主签到；挂在阅读区电子设备上的耳机提示幼儿进行电子阅读时要戴上耳机，以免打扰其他幼儿的阅读；等等。这些“隐性教师”通过“会说话”的环境指导幼儿的行为，促进幼儿在与环境的互动中自然而然地养成良好的习惯。

（三）良好的班级环境有助于幼儿发展认知兴趣与能力

幼儿是班级环境的主体，在与环境的互动中发展着各方面的兴趣与能力。如在班级建构区，幼儿有机会认识各种建构材料，不仅可以学会各种搭建技能，还能借助不同的表征方式做好搭建计划以及将搭建结果分享给同伴。幼儿在与环境的互动中获得了认知、情感及社会性等多方面能力的发展。

（四）良好的班级环境有助于幼儿增强审美能力

良好的班级环境能够让幼儿在潜移默化中感受美、欣赏美和创造美。如班级自然角创设后，幼儿可能会因为看见一棵植物开花而欣喜，因为看见一条小鱼吐泡泡而欢呼。这些都让幼儿感受到自然美。再如，墙面上布置的幼儿作品及名家名作有助于增强幼儿的艺术欣赏和创造能力。

三、幼儿园班级环境管理的特点

幼儿园班级环境管理是一个综合性的活动，在执行的过程中有其自身的特点。

（一）安全性

安全工作是幼儿园的重要工作。保证幼儿安全是幼儿园的责任。

幼儿园班级环境管理应排除环境中可能存在的不安全因素，如将插座、电线、尖锐物品等放置在幼儿接触不到的地方，选择经久耐用的器械玩具并定期检修，确保各种材料是安全无毒、卫生无污染的，保证幼儿在安全的班级环境中参与活动。在关注物质安全的同时，教师不能忽视幼儿的心理安全，二者是相辅相成的。

（二）教育性

幼儿园班级环境既是幼儿的生活环境，也是幼儿的学习环境。教师在日常工作中既要根据教学的需要来创设班级环境，让班级环境与主题活动密切结合，又要根据幼儿身心发展的水平和特点，创设适宜的班级环境，使每个幼儿都有可能在环境中得到应有的发展。如为提高小班幼儿的手部精细动作水平，教师可以提供勺子，让幼儿给墙面上的小动物喂用纸团做成的“食物”。

（三）动态性

幼儿园班级环境不是一成不变的，班级环境管理也会随着不同因素的变化而变化。这些变化都是跟随着幼儿的兴趣和需要转变的。如为缓解小班幼儿入园焦虑，教师在班级中摆放幼儿从家里带来的玩具，设计“娃娃家”区角，让幼儿在教室中感受到家的温馨，从心理上得到安慰。又如班级开展“秋天的果实”主题活动，教师在教室里摆放玉米、花生、山楂等秋天的果实。随着幼儿兴趣的提升，教师为幼儿提供各种秋天植物的图片，并带领幼儿去实地观察，让幼儿将观察结果用图画的方式表现，并贴在班级主题墙上。

（四）艺术性

幼儿园班级环境管理的艺术性不仅体现在色彩的搭配、造型的选择、物品的摆放等上，还体现在教师在进行班级环境管理时协调各方面资源的方法上，比如一个班级中三位教师的协调分工、对家长资源的合理利用等。

（五）创造性

在幼儿园班级环境管理中，教师可以创造性地运用各种方法激发幼儿的兴趣，促进幼儿不断发展。比如：利用各种颜色和形状的纽扣记录幼儿参与区域活动的情况；将“美丽的春天”主题墙设计成柳树的形状，在“柳枝”和“树干”上贴上幼儿观察春天的各种成果；在户外活动场地巧妙地运用一个墙面和一根柱子设置秋千；等等。这些具有创造性的环境创设方法让幼儿耳目一新，从而更加积极地参与活动。

第二节　幼儿园班级物质环境管理

幼儿园班级物质环境是指幼儿园内与幼儿一日生活密切相关的环境，包括与幼儿生活和学习等方面有关的班级室内外环境，如室内区角环境、生活环境，楼梯、走廊、墙面等公共环境和幼儿运动及游戏的户外环境等。

幼儿园班级物质环境管理需要关注和运用的要素有很多，那么，教师如何合理运用这些要素，使班级环境管理更有效呢？教师在进行班级物质环境管理的过程中应遵循以下原则。

蒙台梭利教室环境的六大要素

一、幼儿园班级物质环境管理的原则

（一）适宜性原则

适宜性原则是班级物质环境管理中教师应该首先遵循的原则。在管理过程中，教师、幼儿和家长都是班级物质环境管理的参与者。教师作为管理过程中的重要决策者需要关注班级物质环境对三者的适宜性。

1. 符合班级幼儿的生理和心理特点

幼儿的年龄特点决定了他们认识事物的方式，也能帮助教师把握班级环境创设的方向，比如班级空间分配、游戏种类设置、材料提供等。只有创设适合本班幼儿的环境，教育才能取得良好的效果。例如：教师可以在小班设计一些与感官体验相关的区角活动（区角容纳 6~7 人），让幼儿在活动中获得对事物的认知，同时促进幼儿同伴交往能力的发展；对于大班幼儿来说，他们的思维和动手能力都比较强了，所以教师可以设计一些容纳 2~3 人的区角活动，投放一些具有挑战性的材料，让幼儿在培养专注探索习惯的同时增强创造力。

2. 体现班级教师的特长和兴趣

教师在遵循幼儿园对班级环境创设的统一管理要求的基础上，可以结合自己的兴趣，发挥自身的特长等，将这些要素和班级环境管理相结合，打造出特色班级环境。

案例

马老师擅长音乐，长期研究音乐教学。在马老师的班级中，大家不仅能看到充满音乐元素的艺术区角，感受到有趣的音乐游戏，还能在其他区角中看到融入音乐元素的活动，比如幼儿在表演区进行音乐剧演出，在语言区将音乐游戏和绘本阅读相结合……

马老师将自己的特长和兴趣有机融入班级环境管理中，既让班级环境有特色，也提高了幼儿的参与度。

3. 利用家长资源的特殊性

家长是幼儿园教育的重要资源。家长来自社会的各行各业，有的职业与幼儿健康成长需要了解的内容（如卫生健康）有关，有的职业与幼儿想要探索的内容（如消防）有关，有的职业与幼儿感兴趣的内容（如快递）有关，等等。教师在进行班级物质环境创设的过程中应该与家长密切联系，充分利用家长的各种教育资源，并争取家长的理解、支持、配合和主动参与。教师可以根据家长的时间、擅长的内容合理安排活动，与家长共同为幼儿的发展创设良好的环境。

案例

瑞瑞的妈妈是中国邮政的一名工作人员，她设计了快递运送游戏，让幼儿们直观地了解快递从发出到送达的整个过程，满足了幼儿的好奇心。

安安的爸爸是市级安全救护队的一名工作人员，他给幼儿们进行安全演示，让幼儿们在欢声笑语中了解保护自己的方法。

旭旭的妈妈是一名插花师，她将花、花瓶、插花工具等都带到了班级美工区，让幼儿们了解中国传统插花方法。

（二）主动参与原则

教师作为班级环境管理的主导者，应如何发挥积极主动性？幼儿是幼儿园教育的最终受益者，在班级管理中其主体性该如何突出？家长作为幼儿园教师的合作伙伴，又如何主动参与班级物质环境管理呢？

1. 教师主动参与

幼儿园班级一般有两位负责教育教学的教师，其中一位是主班教师，另一位是配班教师，她们在年龄、工龄和能力等方面可能有所不同。但是无论怎样搭配，双方都应相互尊重、协商，共同对班级物质环境的管理进行规划、实施，并根据各自的特长发挥相应的作用，凸显班级环境特色。在管理过程中，年轻教师要虚心请教，主动参与，积极提供方案并行动，老教师也应结合自己的工作经验，提出有建设性的意见，与年轻教师一起为幼儿创设良好的班级环境。

2. 幼儿主动参与

教师要让幼儿参与到班级物质环境管理中，突出幼儿的主体性，并充分尊重幼儿的兴趣和想法，加强幼儿与环境之间的互动，增强幼儿对幼儿园和班级的认同感和归属感。比如在幼儿园班级课程中，教师发现幼儿对夏天的扇子很感兴趣，于是制作了有关扇子材质、形状和功能的调查表，请幼儿和家长共同查询资料并完成调查表，让幼儿将家里各种各样的扇子带到班级中展示并简单介绍扇子的结构，还在美工区设计制作扇子活动，最后将幼儿制作完成的扇子用于充实班级主题墙，让幼儿参与环境的评价与调整。在这一班级环境管理的过程中，幼儿更加感受到自己是环境的主人，激发了下一次参与班级环境管理的积极性。

当然，在班级环境管理的过程中，幼儿的参与度会随着年龄的增长而提高，成人参与的成分则应该逐渐减少，这样可以更充分地发挥幼儿的积极主动性。

3. 家长主动参与

家长是教师进行幼儿教育的重要合作伙伴，所以在幼儿园班级环境管理的过程中，教师要争取家长的积极参与。首先，教师要在教育理念上与家长达成共识，这样家长才能配合好教师的工作。比如在开展民间体育游戏活动时，家长需要为幼儿制作各种民间体育游戏材料，还需要协助教师在家中完成幼儿游戏情况的记录。其次，教师要为家长创造主动参与的机会。虽然不能保证每位家长都能够参与，但是可以根据家长的时间和能力尽可能引导更多的家长参与。家长和幼儿一起参与班级环境管理，能够让幼儿获得多方面的体验，促进幼儿的全面发展。

（三）因地制宜原则

幼儿园所处的地区、位置决定了幼儿园的场地面积、办园规模和环境特色。因此，教师应该根据实际条件因地制宜，创设适宜的班级环境。例如在自然资源丰富的农村地区，教师可以根据当地的资源就地取材进行环境创设，将当地的银杏、苹果、竹子、海产品等作为环境创设的材料。又如有的幼儿园因为处在老城区，户外活动场地非常小，所以教师在规划户外活动区域时应尽可能地利用好天台的空间，将种植园地和户外运动区等安排在天台。在班级活动室内，教师也要根据室内空间特点设计各个区域，如：若室内空间较小，教师可以将表演区安排在室外走廊或者是班级与班级之间的公共区域，供两个班级轮流使用；可以设计墙面建构区（如乐高墙），这样既能节省空间，也能满足更多孩子的建构需求；在光线较充足的区域安排阅读区，如果没有光线足够明亮的区域，也可以在阅读区放置一个落地灯补充光源；可以在靠近墙面的较大区域安排角色扮演区，供更多幼儿进入区域参与活动，还可以利用墙面空间将角色扮演需要的材料（如“娃娃家”中的厨具、“小超市”中的货品）挂在墙上等，让幼儿有充足的可以随手拿取的材料进行区域游戏。

总之，无论是室内环境管理还是户外环境管理，其根本目的都是促进幼儿全面和谐发展，因此管理班级物质环境时要结合班级环境管理的安全性、教育性等特点，同时必须遵循适宜性、主动参与和因地制宜这几个基本原则。

二、幼儿园班级物质环境管理的方法

教师应从一个管理者的角度出发对班级物质环境进行管理，不仅要考虑户外和室内区域的划分、材料的提供，还要考虑与环境互动的幼儿、教师自身和家长，所以应该掌握一些有效的方法。

（一）图示法

图示法是指将班级教室的方位、空间、区域划分及材料摆放情况等用图示的方法表示出来（图 4-1）。这种方法可以在班级物质环境管理的初期帮助教师对班级环境进行空间分割和区域划分，对班级环境有一个整体的规划。

教师应先对班级整体的环境进行规划，将想法用图示法表示出来（图 4-1），并反复斟酌其合理性。在规划时考虑空间划分是否存在安全隐患，幼儿活动是否方便，设计几个区域，区域的划分是否符合规则，集体活动区座位应如何摆放，等等。教师应运用图示法对班级环境管理规划进行充分的讨论，以减少划分后再调整的次数。

在划分好区域后，教师再对区域内环境进行细致规划，如需要考虑一个区域能够容纳几名幼儿，各个区域分别需要放置几个收纳柜和操作桌，收纳柜能够摆放哪些及多少操作材料，幼儿的作品展示区设计在哪里，等等。

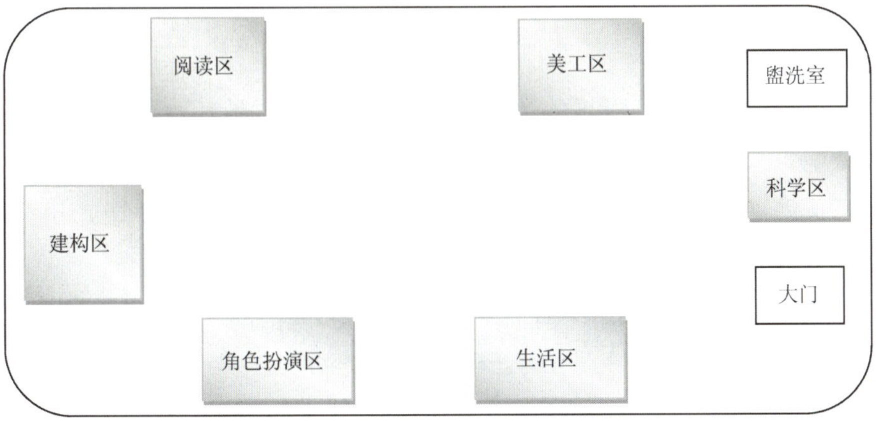

图 4-1　班级区域划分示意图例

（二）观察法

教师运用图示法对班级物质环境进行总体规划只是班级物质环境管理工作的一部分。幼儿也是班级物质环境管理的参与者。教师通过观察幼儿与物质环境互动的过程，可以发现环境管理中的不恰当之处，并及时进行调整。

教师可以根据观察需要设计一些观察表来记录幼儿与环境互动的情况。比如教师可以设计幼儿区域游戏选择观察表（表4-1）来了解幼儿选择区域游戏的情况，哪些区域游戏是受幼儿欢迎的，幼儿在该区域内停留了多长时间。还可以采用定点观察法观察幼儿在某一区域活动时的行为，了解在这一区域投放的游戏材料数量是否合适，规则是否合理，幼儿在游戏中的语言、思维、动手操作和交往等能力发展如何，等等。

通过观察和记录，教师可以更有针对性地分析班级物质环境设计是否合理、幼儿参与区域活动的情况、游戏规则是否合理、材料投放是否充足等，从而对班级物质环境管理措施及时做出调整，创设更有利于幼儿发展的班级环境。

表4-1　幼儿区域游戏选择观察表

区域	建构区	美工区	科学区	角色区	生活区
人数					
游戏时间					

（三）谈话法

在了解幼儿与班级环境互动情况的过程中，教师可以通过与幼儿谈话，了解幼儿参与区域活动的想法。这样的谈话分为两种形式。一是计划的谈话。教师针对幼儿在游戏中遇到的问题、解决问题的方法、对环境创设的想法等提前设计好谈话提纲，一般选择活动结束后与全体幼儿或一个小组幼儿或者某个幼儿进行谈话。二是随机性的谈话。教师可在观察幼儿游戏的过程中及时与幼儿进行谈话，有时教师也可以作为游戏的参与者和幼儿共同活动，了解幼儿的想法。通过谈话法，教师可以更深入地了解幼儿对班级物质环境创设的看法，从而更有针对性地对班级物质环境创设方式进行调整和改进，更好地促进幼儿的发展。

案例

生活区中，大班幼儿在切各种各样的萝卜，准备参加“晒秋”活动，其中有白萝卜、青萝卜、胡萝卜等。有的幼儿将萝卜切成厚厚的一大块。教师问：“孩子们，这样又大又厚的萝卜块容易晒干吗？”好多幼儿回答可以。教师没有急于给出答案，而是带着幼儿们将他们切好的萝卜一起放在板子上，拿到阳台去晒。

几天后，幼儿们发现那些又大又厚的萝卜块不但没有晒干，反而发霉了。

这时教师提出：“我们把萝卜切得薄一些怎么样呢？”

幼儿们听后再一次行动起来。大家分工合作，将萝卜切成一片一片的。

几天之后，幼儿们收获了萝卜干。

从上面这个案例可以看出，虽然幼儿的游戏有计划，但是幼儿由于缺少生活经验，容易盲从。然而通过师幼之间简短的谈话，幼儿开始有计划地分工合作，最后成功收获了“晒秋”的快乐。

案例中教师与幼儿的谈话是随机的，但是也是有一定目的的。

（四）记录法

幼儿是班级环境的主人。教师可以采用记录的方法了解幼儿与环境互动的过程，从中发现班级环境对幼儿发展的影响，从而不断完善班级环境管理，有效促进幼儿的发展。

教师在运用前面三种方法进行班级环境管理时还可以尝试灵活运用实况记录表等（表4-2）记录某个幼儿、某个小组参加环境创设活动的行为、对话等，但是这种方法存在教师可能延迟记录和主观推测等缺点。所以在记录的过程中，教师可以运用手机、摄像机等较完整地记录幼儿的活动，客观地发现问题。同时，幼儿在参与班级环境管理的过程中会有一些作品和记录，比如绘画作品、手工作品、科学观察记录表等。教师可以对这些作品、记录表等进行收集、整理，然后尽可能全面、客观地分析幼儿的发展情况，并灵活运用各种方法，不断完善班级环境。

表4-2　幼儿区角环境创设参与情况记录表

观察区角	实况记录	分析
建构区		
美工区		
图书区		
表演区		
科学区		
玩沙、玩水区		
……		

三、幼儿园班级物质环境管理的内容

幼儿园班级物质环境是课程设计与实施的要素，与幼儿的发展是密切相关的，包括室内物质环境和户外物质环境。

（一）室内物质环境

幼儿园室内物质环境主要是指幼儿园主体建筑内部的环境，包括班级活动室、专用教室和公共区域（如门厅、走廊、过道、楼梯等）。下面重点介绍与教师教育教学密切相关的室内物质环境，如班级墙面环境和班级区角环境。

1. 班级墙面环境

墙面环境作为促进幼儿发展不可缺少的“隐性课程”，一直都有着独特的教育功能，不仅能够激发幼儿动手操作、主动探索的积极性，还能够成为教师教育教学的有效途径。班级墙面环境创设的关键在于让幼儿真正成为墙面环境创设的参与者。这能促进幼儿在认知、情感与社会性等方面的发展，让幼儿在参与墙面环境创设的过程中学会关注生活、适应生活。

班级墙面环境创设的基本要素有色彩、造型、构图和材料。

（1）色彩。

一般来说，班级墙面色彩的选择取决于教师自身的审美素养、对幼儿审美心理的了解和墙面的作用。班级墙面的颜色应不超过 3 个，因为太多的颜色会造成幼儿视觉上的混乱、注意力的分散。通常墙面大面积选用黄色、米色等暖色系颜色。这些颜色会让幼儿感觉温馨、亲切。小块功能区（如美工区等）的墙面可以选用明快一些的颜色。主题墙的颜色可以遵循色彩的黄金配色原则：主色占 70%，辅助色占 25%，点缀色占 5%，这样能让幼儿产生在统一色彩的基础上寻求对比和变化的感觉。

（2）造型。

班级墙面的造型应符合幼儿具体形象思维的特点，让幼儿一看就能明白其含义。例如，开展“美丽的家乡”主题活动时，墙面上可以呈现家乡的自然景观、名胜古迹、美食等造型。这些造型可以是幼儿绘画的，也可以是利用废旧材料手工制作的，还可以是用积木拼接组成的，它们能直观展现幼儿对于家乡的认识经验。总之，墙面的造型创设应该和幼儿的生活经验相联系。

（3）构图。

幼儿园班级墙面的构图是指在幼儿园室内墙面平面空间中安排和处理所要表现对象的位置和关系，将个别和局部的形象和整体画面巧妙地组合在一起形成良好的审美效果。班级墙面的构图形式有三角形构图、水平线构图、S 形构图、思维导图构图等。

（4）材料。

幼儿园班级墙面环境创设的材料是多种多样的。除了常用的各种纸张，幼儿生活中常见的树叶、种子等自然物和毛线、布、塑料瓶等实物也可以作为班级墙面环境创设的材料。材料的质地、色彩、形状等都需要教师根据创设的主题内容进行选择。比如要想在墙面上呈现地球的画面就需要考虑材料的质地、肌理等，让幼儿有身临其境的感觉。

除了班级主题墙面环境创设，教师还需要关注班级低墙面环境的创设。低墙面环境的创设不仅要考虑安全性、高度、风格，还要注意呈现的内容要与主题活动相关。如在“春天的花”这一主题活动中，低墙面上呈现了幼儿收集到的春天的各种各样的花，还展示了幼儿收集花朵的照片或者绘制的有关春天的花的作品。在布置墙面的过程中幼儿亲自参与创设和粘贴，表现出很高的积极性。

2. 班级区角环境

《幼儿园教育指导纲要（试行）》指出：“幼儿园的空间、设施、活动材料和常规要求等应有利于引发、支持幼儿的游戏和各种探索活动，有利于引发、支持幼儿与周围环境之间积极的相互作用。”丰富的游戏环境使幼儿更为愉悦、放松，能更长时间保持学习兴趣，有助于提高幼儿的积极性，增强幼儿的专注力和自信心，从而促进幼儿潜能的发挥。

班级区角活动是幼儿园重要的教育活动形式，也是深受幼儿喜爱的活动。幼儿可以根据自己的需要、兴趣等选择相应的区角活动，和同伴共同游戏和探索。区角的划分及设置、区角中材料的投放和区角活动中教师的角色定位都直接影响区角活动的质量。所以，教师必须更加明确区角活动的意义，规划设计好本班级的区角环境，充分利用一切可利用的资源，保证区角活动的正常开展，让区角活动更好地促进幼儿的发展。

（1）方位布局。

教师首先要根据班级幼儿的年龄特点、发展目标和教室场地的实际情况进行班级区角的规划。

我国幼儿园常见的区角有阅读区、美工区、建构区、益智区、表演区等。班级教室的空间是有限的，区角的规模也不是越大越好。一般教室内的区角以 5~6 个为宜。区角的面积应该根据它所开展的活动特点来进行设定，如：阅读区主要供幼儿开展比较安静的自主阅读活动，需要光线较好的空间，容纳四五个幼儿即可；美工区或建构区所需区域面积就相对较大，因为这类区角需要投放较多的材料，且幼儿在其中进行操作和搬运时，动作幅度较大。班级区角环境的方位布局空间要求如表 4-3 所示。

表 4-3　班级区角环境的方位布局空间要求

区角	空间要求
阅读区	需要一个安静的角落，最好是靠窗，有较充足的光线，有能够摆放较多图书的书架、软垫和桌椅
美工区	需要离水源较近的区域，空间较大，有较长的桌子、带收纳功能的架子、绘画或者做手工使用的各种工具等
建构区	需要较大的空间供幼儿自由搭建，有较多的储物架或柜用于存放各类建构材料
益智区	需要足够的桌面空间供幼儿探索和操作，有较多的储物架或柜用于存放各类益智操作材料
表演区	需要较开阔的空间供幼儿自由地表演，远离易碎或者尖锐的物品，有架子、柜子或者一面墙用于放置表演道具

布局时也需要考虑不同类型的区角应该如何进行组合，既不相互干扰，又能建立联系。根据实践，区角位置的规划应以有利于幼儿活动为原则，不仅要考虑幼儿在活动中的状态（动态或静态），而且要考虑区角之间的道路畅通，避免拥堵、碰撞。通常阅读区、美工区、益智区中幼儿的走动较少，它们可以相邻设置，而建构区、表演区等幼儿活动较多的区角应该相对独立划分。

这里需要注意的是，区角之间可以选用轻便、灵活的物体如玩具矮柜、非固定的架子等作为区隔物，以便教师根据实际情况对区角空间进行合并和分割的调整。比如：阅读区可以利用区隔物让空间封闭性较强一些，保证阅读区有安静的环境，满足幼儿阅读的需求；表演区、建构区应该适当开放一些，方便幼儿活动。

布局时还需要考虑幼儿的年龄特点，如：小、中班的幼儿容易受到外界的影响，区角之间的界限就需要分明；大班的幼儿有分工合作的需求，区角就可以更开放些。

（2）玩具/材料投放。

区角中玩具/材料的投放直接影响到活动开展的效果，既要照顾到幼儿的需要和兴趣，也要考虑到探究结果与教育目标的一致性。玩具/材料投放是班级区角环境创设的重要内容。教师在投放玩具/材料时需要注意以下几点。

① 投放安全、无害的玩具/材料。《幼儿园保育教育质量评估指标》中指出：“幼儿园切实把安全教育融入幼儿一日生活，帮助幼儿学习判断环境、设施设备和玩具材料可能出现的安全风险，增强安全防范意识，提高自我保护能力。”因此教师在班级投放区角玩具/材料时首先就要考虑其安全性。

② 投放有趣、开放的玩具/材料。教师在选择区角玩具/材料时还要考虑趣味性，要选择幼儿喜欢的、感兴趣的玩具/材料。教师需要充分了解幼儿的兴趣和需要，并在投放玩具/材料前自己

先进行试玩，看看玩法是否有趣，再结合幼儿的能力进行改进，而且这些玩具/材料应以低结构性为主。低结构材料主要是自然材料、半成品辅助性材料，它们的玩法是多种多样的，可以给幼儿带去不同的挑战，为幼儿提供更大的创造空间。

例如，益智区的“猜猜它是谁”的游戏中，一名幼儿可以将一类（如人或动物类）卡片自主插入底盘中，然后从中选定一张卡片，另一名幼儿则通过不断的提问来确定是哪张卡片。因为每次卡片插入的位置不同，一名幼儿选定的卡片也是不同的，所以这个游戏就充满了不确定性、可玩性和挑战性，而且幼儿在玩中可以发展口头表达能力、思维能力等。

③ 投放有层次性、能促进幼儿发展的玩具/材料。班级中同一年龄段的幼儿存在个体差异。幼儿只有在符合自己认知特点、实际能力的活动中才能积极主动地探索。区角活动要照顾到幼儿的兴趣和差异，确保对每个幼儿都能发挥作用，所以玩具/材料的投放必须要考虑到层次性，促进每个幼儿的发展。

例如在科学区探索“传声筒的秘密”活动中，教师在提供材料时既要考虑到动手能力较弱的幼儿，为他们提供“传声筒”成品来探索声音的秘密，也要为动手能力较强、科学思维较敏捷的幼儿提供半成品或者材料让他们自己动手制作“传声筒”，边制作边探索。像这样，每个幼儿都能够有成功的体验。

区角活动玩具/材料的投放需要根据幼儿与玩具/材料互动的情况进行调整。在这段时间内教师可以做好观察记录，也可以和幼儿一起讨论区角活动中玩具/材料的玩法，把他们的感受和建议作为调整区角活动玩具/材料的依据。

（3）管理科学。

班级区角活动种类多，使用活动玩具/材料也很频繁。教师需要注意对这些玩具/材料进行规范的管理，因为这关系到区角活动开展的质量。

① 玩具/材料的准备、投放和维护。教师可以根据教育目标、主题活动和幼儿的兴趣需要，利用废弃易拉罐、鸡蛋托、快递盒、饮料瓶等物品制作丰富的活动玩具/材料。制作完成后教师通过提前试玩，保证材料的安全性和可玩性，再投放至相应区角供幼儿使用。在准备和投放玩具/材料的过程中教师可以让幼儿参与进来，体现幼儿对玩具/材料使用的主体性，并锻炼幼儿的动手操作能力。最后，在幼儿使用玩具/材料的过程中教师要引导幼儿养成爱护物品的习惯并建立整理物品的意识。

班级区角活动规则的制定

② 区角活动规则的制定。区角活动玩具/材料投放好后，教师就要制定活动规则。明确规则的目的是帮助幼儿自主地开展活动，提高活动的质量。教师在制定规则时需要考虑规则的内容，如区角人数、规则呈现方式等。例如，阅读区限定进区人数为5人，教师可以将人数直接画在规则卡上，也可以让幼儿悬挂或者摆放代表自己身份标识的卡片、玩偶等。可以和班中幼儿一起商量这些规则公约、卡片和标识的制定和制作方法，充分利用照片、符号、数字、图画等，帮助幼儿养成良好的活动区玩具/材料的自主管理习惯，引导幼儿建立秩序感。

（二）户外物质环境

《幼儿园工作规程》指出：“幼儿园应当有与其规模相适应的户外活动场地，配备必要的游戏和体育活动设施，创造条件开辟沙地、水池、种植园地等，并根据幼儿活动的需要绿化、美化园地。”户外物质环境是幼儿园游戏环境的重要组成部分。户外开阔的场地能让幼儿身心愉悦，深受幼儿的喜爱。户外物质环境主要包括集体活动区、大型器械区、种植饲养区和玩沙玩水区。户外物质环境能够促进幼儿身体运动能力、认知能力的发展，还能促进同伴积极交往和师幼有效互动。因此管理户外物质环境时要根据幼儿园户外场地的实际情况，充分考虑玩具/材料的投放、场地的规划以及管理的科学性等因素。

（1）玩具/材料投放。

玩具/材料是幼儿户外活动的重要载体。教师在投放玩具/材料时要注意以下几点：

① 难度适宜。难度适宜是指玩具/材料要符合幼儿的年龄特点和身心健康发展的需要，促进每个幼儿的全面和谐发展。难度适宜的玩具/材料可以让幼儿获得成功的体验。例如小班幼儿适宜小型、单一功能的游戏玩具/材料。随着运动能力的发展，幼儿可以多去尝试一些组合功能的游戏器械。教师也可以给幼儿提供一些生活中没有固定玩法的玩具/材料如轮胎、油桶等，让幼儿根据自己的水平自由组合玩具/材料来探索不同的玩法、挑战自己的能力，增强幼儿的想象力和与同伴合作的能力。

② 种类多样。玩具/材料可以是多样的。除了幼儿园的各种大型器械（表 4-4）和小型器械，教师还可以给幼儿提供生活中常见的玩具/材料如轮胎、竹梯、木板、绳子、玩偶等，供幼儿探索多样化的户外游戏活动，从而激发幼儿探索的兴趣，促进幼儿身心全面和谐发展。

表 4-4　户外环境大型器械的种类及投放要求

类型	器械	投放要求
滑行类	滑竿和滑梯	器械的下面要铺上软地垫，起到缓冲作用
攀爬类	攀爬墙、攀爬架等	攀登物踩点处的大小应该方便幼儿踩在上面
钻爬类	山洞、钻筒、网筒等	道路清晰，不要使用封闭的通道
平衡类	平衡木、独木桥、荡桥等	高度适宜，控制人数和间距
摇荡类	单人秋千、双人秋千等	高度适宜，保证绳索的安全性

（2）场地规划。

幼儿园的场地应该是多样的，如草地、塑胶地、沙地、砖地等；也可以有多种组合，如平地与斜坡、小道与台阶、环路与山洞、小桥与小河等。场地的规划会影响玩具/材料作用的发挥，需要注意以下几点。

① 数量适宜。根据《幼儿园建设标准》的要求，室外地面游戏场地人均面积不应低于 4 m^2，其中，共用游戏场地人均面积不应低于 2 m^2，分班游戏场地人均面积不应低于 2 m^2；分班游戏场地宜邻近活动室布置，其数量应至少能容纳 $n-2$ 个班（n 为全园班级数）同时游戏活动；室外地面游戏场地宜为软质地坪。

② 布局合理。布局是指对运动设施和运动玩具/材料摆放的场地规划。幼儿园通常会设计专门的区域来摆放运动材料。这些材料摆放的位置应尽量靠近幼儿活动的区域，方便幼儿拿到玩具/材料后直接进行活动和及时收拾整理。因此，玩具/材料摆放的位置要根据幼儿园场地的实际情况做好规划，如在平整的操场边规划摆放小型运动玩具/材料如球类、投掷类等；在有一定弯曲坡道

的地方规划摆放车类玩具/材料，便于幼儿开展多样化的车类游戏；在有一定斜坡的地方规划摆放攀爬类设施，便于增强攀爬运动的趣味性。

③ 绿化多样。《幼儿园建设标准》指出："幼儿园绿地率不宜低于30%。"幼儿园的绿化一般以种植花草为主，种植乔灌木为辅。选择植物时要注意避开那些有毒、带刺的。布局时也可以利用植物间隔户外活动场地。还可以在大型器械或者玩沙区种植较高大的乔木，这样既不影响活动，还可以为幼儿遮阳。幼儿园可以在户外种植多种类型的植物，满足幼儿对自然环境探索的好奇心，同时美化幼儿园环境、净化空气，给幼儿创造一个自然舒适的户外物质环境。

（3）管理科学。

户外物质环境创设中，除了玩具/材料的投放和布局要合理，教师还要注意在日常教育教学中进行科学的管理，既要保证户外运动器械和玩具/材料的有效使用，如对幼儿户外活动的时间和类型进行合理的安排，让幼儿每天进行不少于2小时的户外活动，又要注意玩具/材料的安全性，安排专人负责检查，并请专业人士对大型器械定期维护。损耗较快的玩具/材料要经常更换。随手可用的玩具/材料的清洁工作可以让幼儿参与。废旧材料一定要清洗干净，确保没有安全和卫生问题后才可以给幼儿使用。

第三节　幼儿园班级精神环境管理

《幼儿园教育指导纲要（试行）》指出："幼儿园必须把保护幼儿的生命和促进幼儿的健康放在工作的首位。树立正确的健康观念，在重视幼儿身体健康的同时，要高度重视幼儿的心理健康。"

一、幼儿园班级精神环境的概念

精神环境是指对人的心理产生实际影响的社会生活环境。幼儿园班级精神环境是指幼儿学习、活动及生活的气氛，以及教师与幼儿之间的关系（师幼关系）、幼儿与同伴之间的关系（同伴关系）等。这些都对幼儿的身心发展起着潜移默化的作用，特别是师幼关系和同伴关系。从培养幼儿的健康精神及促进幼儿的心理发展的角度看，精神环境比物质环境更重要。健康的精神环境是促进幼儿创造性、认知、情感和社会性等方面发展的关键因素。

拓展阅读

《幼儿园教师专业标准（试行）》（节选）

（二）对幼儿的态度与行为

6. 关爱幼儿，重视幼儿身心健康，将保护幼儿生命安全放在首位。

7. 尊重幼儿人格，维护幼儿合法权益，平等对待每一位幼儿。不讽刺、挖苦、歧视幼儿，不体罚或变相体罚幼儿。

8. 信任幼儿，尊重个体差异，主动了解和满足有益于幼儿身心发展的不同需求。

9. 重视生活对幼儿健康成长的重要价值，积极创造条件，让幼儿拥有快乐的幼儿园生活。

（三）幼儿保育和教育的态度与行为

10. 注重保教结合，培育幼儿良好的意志品质，帮助幼儿养成良好的行为习惯。

11. 注重保护幼儿的好奇心，培养幼儿的想象力，发掘幼儿的兴趣爱好。

12. 重视环境和游戏对幼儿发展的独特作用，创设富有教育意义的环境氛围，将游戏作为幼儿的主要活动。

13. 重视丰富幼儿多方面的直接经验，将探索、交往等实践活动作为幼儿最重要的学习方式。

14. 重视自身日常态度言行对幼儿发展的重要影响与作用。

15. 重视幼儿园、家庭和社区的合作，综合利用各种资源。

（四）个人修养与行为

16. 富有爱心、责任心、耐心和细心。

17. 乐观向上、热情开朗，有亲和力。

18. 善于自我调节情绪，保持平和心态。

19. 勤于学习，不断进取。

20. 衣着整洁得体，语言规范健康，举止文明礼貌。

二、幼儿园班级精神环境管理的要素

幼儿园班级精神环境管理的要素一般包括三个方面：安全与归属、民主与尊重、关爱与支持。

（一）安全与归属

良好和谐的班级精神环境应该使幼儿产生安全感和归属感，能够引起他们愉快的情绪情感体验，从而让他们学会尊重他人、关爱他人，形成健全的人格。因此，教师在管理班级精神环境时应该首先关注幼儿安全感和归属感的建立，帮助他们建立良好的师幼关系、同伴关系，让他们在幼儿园感受到教师和同伴的关心。在此基础上，让幼儿在幼儿园按照自己的兴趣和需要进行游戏、生活和学习，更好地利用好奇心发挥创造力。

（二）民主与尊重

《幼儿园教育指导纲要（试行）》指出："尊重幼儿在发展水平、能力、经验、学习方式等方面的个体差异，因人施教，努力使每一个幼儿都能获得满足和成功。"教师要与幼儿建立起心理上的平等关系，要真正将幼儿看作独立的个体，尊重每个幼儿的人格，在班级中营造良好的氛围，不要把控和限制幼儿。在缺少民主与尊重的环境中，幼儿容易形成怯懦、自卑、自私等不健康的心理。因此在师幼交往中，教师要尊重幼儿的个性发展、情绪情感，重视他们的想法，让幼儿感觉到被重视、被接纳、被需要。这有利于班级中民主与尊重的精神环境的形成，也有利于幼儿之间形成良好的同伴关系。

案例

美工区活动马上就要结束了，可是果果的《美丽的袜子》绘画作品还没有完成。她走到王老师跟前说："老师，我还有一点就可以完工了，你可以等我 5 分钟吗?"

王老师点点头说："可以，你去画吧，我等你。"

分析：案例中的王老师没有因为活动时间的结束而强行结束幼儿的活动，而是满足幼儿的请求，给她额外的时间让她完成作品。这体现了王老师对幼儿的理解和尊重。

（三）关爱与支持

良好的精神环境应该是充满爱的环境，良好的班级精神环境的创设应围绕着"爱"进行。有爱就会有良好的交往和互动，才能保证幼儿的心理健康发展。教师要有一双善于观察和发现的眼睛，及时了解幼儿的需要。当一个幼儿情绪低落时，教师的一个拥抱或者抚摸都会让幼儿感受到关爱。同时教师也要善于发现幼儿的闪光点，让幼儿感受到教师的关注，并通过肯定的语言、鼓励的眼神和赞赏的肢体动作给予幼儿支持，让幼儿能够积极主动地与教师、同伴交流，充满自信地投入各项活动中。

拓展阅读

关于积极健康的心理环境，华南师范大学教授袁爱玲认为有如下几种重要的标志：

1. 能使幼儿产生心理安全感与心理自由感，表现出轻松愉快的状态。
2. 能使幼儿的好奇心、创造动机和兴趣等心理需要得到满足。
3. 能使幼儿乐于表达或交流思想与情感。
4. 能使幼儿学会关心同伴、共享玩具、相互尊重。
5. 能使幼儿产生遵守纪律和活动规则的心理需要。

三、幼儿园班级精神环境管理的理念

幼儿的发展是在与环境的交互作用中完成的。幼儿园班级物质环境受到社会越来越多的关注，但是隐性的幼儿园班级精神环境往往容易被忽视，因此良好的班级精神环境的形成首先需要教师树立正确的管理理念。

（一）重视班级精神环境的意义

现实中一些教师过于强调自身的权威，不允许幼儿有自己的想法和做违背常规的事情，经常将自己的决定凌驾于幼儿的需要之上，这样就容易形成专制独断的班级氛围。

要想创设良好的班级精神环境，教师就要重视精神环境对幼儿发展的重要意义，认识到积极健康的精神环境是促进幼儿全面发展的关键因素。教师应确立以幼儿为本的创设理念，尊重和关爱每一个幼儿，促进幼儿的身心健康发展。

（二）学习精神环境相关理论知识

与精神环境相关的理论有很多，比如：儿童生态学理论强调利用环境来陶冶人，即通过创设最适合儿童成长的教育环境来改变儿童的不良行为；经典条件反射理论认为在原有的非条件反射和条件反射的基础上，幼儿可以根据不同的环境，建立起新的行为习惯和方式等。教师可以通过阅读相关书籍，参加相关的专业知识和技能培训，提高专业素养，更新对精神环境理论的认知，并将所学与教育教学实践活动相联系。

（三）树立基于现代教育思想的儿童观

儿童观是各种对待儿童的观点的总和。树立基于现代教育思想的儿童观就是要对幼儿有真挚的爱，平等对待幼儿，尊重幼儿的个体差异，相信幼儿的能力；在与幼儿的互动中摒弃教师本位的观念，多反思自己的言行对幼儿的影响，对不同个性和发展水平的幼儿采取不同的教育方法和交往方式，为幼儿创设条件，突出幼儿的主体性，让幼儿最大限度地发挥自己的优势，从而得到更好的发展。

（四）建立和谐的人际交往观念

对教师来说，人际交往主要涉及教师与教师之间、教师与幼儿之间和教师与家长之间的交往。作为教育工作者，教师必须建立和谐的人际交往观念并处理好教师、幼儿、家长这三者之间的关系，这对良好的班级精神环境的创设有着重要意义。教师在与幼儿交往时要将幼儿当成拥有独立思想的个体，针对幼儿各方面的差异与幼儿进行有针对性的交往。同时教师要做好人际交往的榜样，与同事友好相处，形成合作关系，帮助幼儿形成良好的同伴关系，并积极与家长沟通、互动，建立合作关系。

四、幼儿园班级精神环境管理的方法

教师树立了正确的班级精神环境管理理念，还需要掌握一些班级精神环境管理的具体方法，可以从构建良好的自我关系、师幼关系、同伴关系、同事关系及家园关系五个方面提升班级精神环境管理水平。

（一）多接纳、多肯定自我

自我关系在班级精神环境管理中最容易被忽视。教师处理好与自我的关系，从内心深处接纳自己、理解自己、肯定自己，找到最好的自己，才能更好地去尊重和关爱幼儿。所以教师与自己建立良好的关系是进一步建立良好师幼关系的基础。教师在工作中要找到工作的意义和价值，认识到自己在工作中的重要性，肯定自己的工作对幼儿的健康成长有着积极、深远的影响。同时，在工作中教师也要学会一些自我调节的方法，如阅读专业书籍、参加专业培训和学会情绪管理等，这样可以以良好的情绪状态投入繁忙的工作中，并提升自己的专业水平，获得工作的成就感。

教师能量补给的建议

（二）多采用非言语方式进行师幼互动

师幼关系是幼儿园人际关系的重要组成部分。《幼儿园教育指导纲要（试行）》指出，“教师的态度和管理方式应有助于形成安全、温馨的心理环境”。教师在树立科学儿童观的基础上，要了解幼儿、尊重幼儿和鼓励幼儿。教师在与幼儿的互动中要遵循 3~6 岁幼儿以直觉行动思维和具体形象思维为主的特点，多采用表情、动作、身体接触等方式表达对幼儿的关注、关心、鼓励和接纳。幼儿的内心世界是丰富多彩的。教师甜甜的微笑、轻轻的一摸、微微的一拍、适宜的

教师构建良好师幼关系的策略

点头或摇头、近距离的视线接触、恰当的眼神和表情等，都能让幼儿感受到教师对自己的情绪和行为明确的反馈。

同时，在日常生活中，教师要经常与幼儿进行互动，让每个幼儿都能感受到教师的关心和关注，从而在幼儿园获得愉快的情绪体验，把教师看作可信赖的人，更加喜欢幼儿园生活。

拓展阅读

《幼儿园保育教育质量评估指标》（节选）

25. 教师保持积极乐观愉快的情绪状态，以亲切和蔼、支持性的态度和行为与幼儿互动，平等对待每一名幼儿。幼儿在一日活动中是自信、从容的，能放心大胆地表达真实情绪和不同观点。

26. 支持幼儿自主选择游戏材料、同伴和玩法，支持幼儿参与一日生活中与自己有关的决策。

27. 认真观察幼儿在各类活动中的行为表现并做必要记录，根据一段时间的持续观察，对幼儿的发展情况和需要做出客观全面的分析，提供有针对性的支持。不急于介入或干扰幼儿的活动。

28. 重视幼儿通过绘画、讲述等方式对自己经历过的游戏、阅读图画书、观察等活动进行表达表征，教师能一对一倾听并真实记录幼儿的想法和体验。

29. 善于发现各种偶发的教育契机，能抓住活动中幼儿感兴趣或有意义的问题和情境，能识别幼儿以新的方式主动学习，及时给予有效支持。

30. 尊重并回应幼儿的想法与问题，通过开放性提问、推测、讨论等方式，支持和拓展每一个幼儿的学习。

31. 理解幼儿在健康、语言、社会、科学、艺术等各领域的学习方式，尊重幼儿发展的个体差异，发现每个幼儿的优势和长处，促进幼儿在原有水平上的发展。不片面追求某一领域、某一方面的学习和发展。

案例

午睡起床时，小班的秦老师发现明明小朋友在其他小朋友都起床后一直坐在床上不起来，就走到明明的床边帮他整理床铺，发现明明尿床了。秦老师走到衣柜处拿出明明的备用裤子，微笑着并用眼神向明明示意“没关系”，接着很快帮明明换好了裤子。之后明明开心地参加了班级接下来的活动。

分析：案例中的秦老师对明明的尿床没有进行大声的询问，只是用微笑和眼神安抚明明。这样做既保护了明明的自尊心，让明明有了安全感，也保证了正常教学活动的进行。

（三）多为幼儿创造与同伴交往的机会

幼儿对他人情绪情感状态的认知和观察能力都比较弱，因此，教师可在幼儿园一日生活中多给幼儿提供表达自己的想法、发表不同意见的机会。比如，在分配角色扮演游戏的角色时，让每个幼儿都向同伴充分表达自己的想法和需求，然后让大家共同商量决定。又如当幼儿之间发生矛盾时，教师在介入之前认真观察，不急于去评判和处理，让幼儿各自表达想法，促进幼儿之间的相互了解，最后再进行调解。在调解时，不仅要解决好当下的问题，也需要通过多种途径教会幼儿与同伴交往的技巧。另外，教师还可以找准时机开展一些有关团结、谦让、分享的集体活动，让幼儿在活动中感受同伴间的相互关心、友爱的气氛，逐步学会合作，并在活动中及时给予幼儿反馈，强化幼儿的行为。

拓展阅读

蒙台梭利“和平桌”

1.“和平桌”的目的：

培养幼儿自己解决事情的能力。

2.“和平桌”的设置：

在教室的角落里，摆一张桌子，旁边没有教具，只有两把椅子，桌子上放着鲜花。桌子名为“和平桌”，椅子名为“和平椅”，而鲜花就被称为“和平花”。

3.“和平桌”的使用方法：

当幼儿之间产生冲突时，教师邀请他们坐下，或者一方邀请另一方坐下。双方用平静的语调分享他们的感受与观点，并最终产生一个满意的决定。

4.“和平桌”的使用规则：

（1）要以平和的语调讲话。

（2）拿起花才可以讲话，讲完就把花交给对方。

（3）对方讲话时，不可以打断。

“和平桌”是幼儿寻求内心平静的港湾。教师应遵循自愿、双赢和持续关注的原则，指导幼儿合理运用“和平桌”安抚自己的情绪、解决冲突，从而增强幼儿解决问题的能力，促进其内心“和平种子”的萌芽及健全人格的形成。

（四）多营造和谐的同事互动氛围

教师与同事间的交往会影响班级精神环境的创设。教师与同事之间在工作上是合作关系，应互相尊重、互相学习、共享资源。同时教师之间互相关心、互相帮助能够营造和谐的氛围，无形中影响幼儿，让他们学会关注他人的情绪情感，并学会与人交往的方式。比如：教师间交往多注意使用礼貌用语，多分享、合作和谦让等；定期开展一些交流活动进行相关问题的沟通，如明确分工、发掘同事身上的闪光点等。教师的言传身教有助于幼儿养成良好的行为习惯。

拓展阅读

《幼儿园教师专业标准（试行）》（节选）

（十三）沟通与合作

55. 使用符合幼儿年龄特点的语言进行保教工作。

56. 善于倾听，和蔼可亲，与幼儿进行有效沟通。

57. 与同事合作交流，分享经验和资源，共同发展。

58. 与家长进行有效沟通合作，共同促进幼儿发展。

59. 协助幼儿园与社区建立合作互助的良好关系。

（五）多创造家园合作的机会

幼儿的发展是各种环境共同作用的结果。教师虽然不能像管理幼儿园班级环境那样管理幼儿的家庭环境，但是可以通过家园合作的方式让家长重视班级精神环境的创设，使家长明白幼儿园在促进幼儿发展的过程中离不开家长的配合和帮助。在家园合作中，教师要扮演更加积极的角色，可以通过班级家园联系栏、家长群、家长讲座等方式向家长宣传和分享有关幼儿发展及家园合作的文章、书籍，让家长重视家园合作。多开展家园合作活动，鼓励和支持家长多参与班级精神环境创设，比如：可以每个学期开展一次家长开放日活动，让家长亲自到幼儿园观摩幼儿在园的一日生活；定期开展亲子活动如运动会、游园活动、家长志愿者活动等，让家长参与到幼儿园丰富多彩的活动中，在参与的过程中更多地了解幼儿、与教师沟通，与教师一起更好地创设班级精神环境，促进幼儿的发展。

需要注意的是，教师作为家园互动的主动方，不要害怕和回避家园互动，需要不断增强与家长沟通的能力、指导家长进行家庭教育的能力，提高个人的专业素养。

拓展阅读

幼儿园保育教育质量评估指标（节选）

32. 幼儿园与家长建立平等互信关系，教师及时与家长分享幼儿的成长和进步，了解幼儿在家庭中的表现，认真倾听家长的意见建议。

33. 家长有机会体验幼儿园的生活，参与幼儿园管理，引导家长理解教师工作对幼儿成长的价值，尊重教师的专业性，积极参与并支持幼儿园的工作，成为幼儿园的合作伙伴。

34. 幼儿园通过家长会、家长开放日等多种途径，向家长宣传科学育儿理念和知识，为家长提供分享交流育儿经验的机会，帮助家长解决育儿困惑。

35. 幼儿园与家庭、社区密切合作，积极构建协同育人机制，充分利用自然、社会和文化资源，共同创设良好的育人环境。

案例

放学时，家长们都走进幼儿园接孩子。

金老师一见到小齐的爸爸就埋怨他说：“小齐到现在还不会自己吃饭、穿衣，你们家长是怎么教的！”

小齐的爸爸觉得很难堪，恼怒地说：“就是不会才到幼儿园学习的嘛！”

分析：案例中的金老师与小齐的爸爸沟通的方式是指责和埋怨，所以小齐的爸爸感到不满。金老师应该专门找时间与小齐的爸爸单独沟通，不应在家长众多的公开场合交流孩子的情况。可以先了解小齐在家中自理能力的情况，并询问是否有特殊情况和需要，然后再将小齐在幼儿园自理能力的表现客观地反映给小齐的爸爸，最后和小齐的爸爸找到原因和增强小齐自理能力的方法，提出家长和教师一起努力，共同促进小齐更好地成长。相信这样的沟通，家长会更容易接受，也能让教师更好地开展家园共育工作。

总之，班级精神环境是幼儿园班级环境管理中非常重要但是又容易被忽视的内容，所以教师要不断学习，提升专业素养，并学会处理好与幼儿、同事和家长等的关系，努力创设有利于幼儿身心健康发展的良好的班级精神环境。

思考与练习

一、名词解释

1. 幼儿园班级环境管理：

2. 图示法：

3. 幼儿园室内物质环境：

4. 幼儿园班级精神环境：

二、选择题

1. 下列关于幼儿园班级环境管理的说法不正确的是（　　）。

A. 幼儿园教师应该营造轻松、自由、和谐的氛围

B. 幼儿园教师应该对幼儿的情绪情感进行共情与调整

C. 幼儿园教师应该在班里创设舒适、有序的物质环境和提供丰富的材料

D. 幼儿园教师应该让幼儿想干什么就干什么

2. 幼儿园班级精神环境管理中，教师之间的有效沟通方式是（　　）。

A. 书面报告　　B. 定期会议交流　　C. 通过家长传递　　D. 电话沟通

3. 幼儿园的楼梯高低要符合幼儿身心发展特点，家具的棱角不宜过尖，玩具要常消毒等，这些做法体现了幼儿园环境管理的（　　）。

A. 发展现有条件的实际效用要求　　B. 合乎安全、卫生与教育规定的要求

C. 符合年龄阶段适宜性的要求　　D. 自己动手、发挥自觉性的要求

4. 幼儿园班级环境管理中，下列教师促进幼儿社会交往能力发展的做法正确的是（　　）。

A. 让幼儿独处　　B. 只开展个别活动

C. 完全不干涉幼儿的交往　　D. 有序组织集体游戏和活动

三、简答题

1. 简述幼儿园班级环境管理的特点。

2. 简述幼儿园班级物质环境管理的原则。

3. 简述幼儿园班级物质环境管理的方法。

四、论述题

结合实际谈谈对幼儿园班级精神环境管理的认识，并举例说明班级精神环境管理的具体做法与效果。

五、拓展练习

1. 利用教育见习机会，实地参观 1~2 所幼儿园，根据观察实践的情况，结合自己的理念，设计一份主题鲜明的班级区角环境布置图。

2. 实地参观 1 所幼儿园，对其户外物质环境创设情况进行观察，分析创设的优劣，并提出改进的方案。

第五章

幼儿园班级物品和信息管理

【目标导航】

1. 了解幼儿园班级物品和信息管理的内容。
2. 掌握幼儿园班级物品和信息管理的原则和方法。
3. 学会运用幼儿园班级物品和信息管理的原则和方法解决实际问题。

【思维导图】

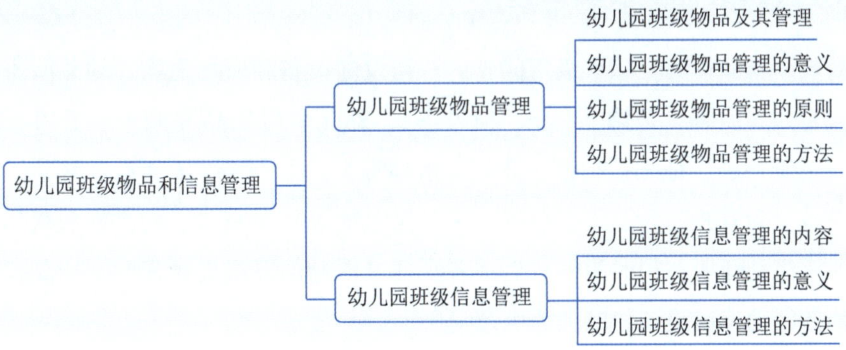

情境导入

新班级的幼儿缺乏自控力，常把玩完的玩具放得乱七八糟。针对这一情况，蒋老师采用物品管理责任到人的做法，把活动区分成几个部分，并设计了徽标，每周一上午和幼儿们一起选出“小管家”：建筑区“小管家”负责带领该区幼儿整理积木；毛巾区“小管家”负责检查毛巾收挂情况，如发现毛巾没挂好，就及时提醒；图书区“小管家”负责检查图书损伤及取放情况，及时制止破坏书籍行为，并要求修补破书；等等。面对一双双热情的小手，大家共选出了七个活动区“小管家”。幼儿们都很满意蒋老师为他们分配的工作，并把它看作一个荣誉。到了周五，蒋老师和幼儿们共同评出优秀的“小管家”，奖励小红花，然后周一又重新选出七个“小管家”。在“小管家”认真负责的管理下，班级物品的摆放整齐了许多，物品也有了明确的位置。无论是幼儿还是教师，取放物品都成了一件轻松简单的事情，而且由于物品摆放合理，班上的事故也明显减少。

班级里的物品一般多且杂。管理好班级的物品和信息是班级管理工作的重要内容。班级物品和信息管理的意义是什么？我们该如何管理班级的物品和信息？本章的内容会帮助我们解答这些问题。

第一节　幼儿园班级物品管理

一、幼儿园班级物品及其管理

幼儿园班级物品指的是除班级空间外，一切设施设备和所用之物。幼儿园班级物品包括幼儿生活用品（毛巾、水杯、被褥、衣服、拖鞋等）、幼儿学习用品（画笔、剪刀、玩具、图书等）、卫生用品（消毒用品、拖把、扫帚、抹布、水桶等）、教学用品（电脑、钢琴、黑板、白板等）、基本设施设备（玩具柜、玩具筐、桌椅、床、保温桶等）及其他。物品摆放得当，能为幼儿提供一个整洁、有序的环境，同时为一日生活各个环节活动的开展提供便利；物品摆放杂乱则会影响幼儿和教师的活动，甚至威胁幼儿的生命安全。

幼儿园班级物品管理是指教师根据教育目标，通过计划、组织、实施、调整等环节，对班级内的一切物品进行管理。《幼儿园教育指导纲要（试行）》指出：“幼儿园应为幼儿提供健康、丰富的生活和活动环境，满足他们多方面发展的需要，使他们在快乐的童年生活中获得有益于身心发展的经验。”教师通过对班级物品合理、规范、有序的管理，不仅可以为幼儿创设一个丰富、健康的生活和活动环境，提高物品的使用效率，使之可以更好地服务于教育教学活动，避免浪费和无意义的损坏，还可以提高班级管理的效率，培养幼儿良好的物品使用习惯和自理能力。

二、幼儿园班级物品管理的意义

（一）提高保教工作效率

管理好班级物品，可以提高保教工作效率。例如：通过整理班级物品，班级只保留维持正常保教工作的必需品，可使班级空间得以释放；通过归类管理物品，班级物品的摆放位置固定、物品数量明确后，教师和幼儿可以更快速准确地取放物品；通过明确物品管理分工，班级人员的责任变得清晰，工作标准变得明确，有利于提高保教质量；通过对班级物品进行合理、规范的管理，物品的使用效率提高，有助于提高教育教学质量，优化班级管理效率。

（二）促进教育目标的实现

《幼儿园教育指导纲要（试行）》指出："环境是重要的教育资源，应通过环境的创设和利用，有效地促进幼儿的发展。"班级物品管理不仅是管理物品本身，更重要的是培养幼儿重秩序、讲卫生、爱护公共物品的好习惯，同时也能提高物品的使用寿命和使用效率。教导幼儿如何管理自己的随身物品有助于他们养成良好的生活习惯，对所在的班级产生归属感和责任感，从而增强主人翁意识。在这个过程中，教师和家长起着至关重要的作用，应该给予幼儿足够的引导和鼓励，让幼儿认识到自我管理的重要性，并激发他们的自觉性和主动性。

（三）保障教师与幼儿安全有序的活动环境

班级物品管理是班级教育教学工作的物质保障基础。幼儿园因其服务对象为年幼的儿童，除了有常备的教具、学具之外，还有大量的生活、保健类物品。同时，幼儿园将环境作为育人的重要途径之一，大面积、高频率的环境创设也需要大量物品（材料），这使得幼儿园物品具有种类杂、数量多的特点，给幼儿园物品管理带来巨大考验。良好的物品管理有助于创建一个安全有序的活动环境，从而帮助幼儿集中注意力参加活动，提高活动的效率和质量。

拓展阅读

6S 管理模式

6S 管理是规范现场、提升素养的简单有效的管理模式。这套管理模式包含整理（Seiri）、整顿（Seiton）、清扫（Seiso）、清洁（Seiketsu）、素养（Shitsuke）、安全（Safety）六个项目。

6S 管理模式被应用到幼儿园班级管理中，旨在通过标准化、规范化和精细化的管理方法，提升幼儿园班级管理的水平，为幼儿创造整洁、有序、安全的学习和生活环境。

1. 整理：对班级内的物品进行分类，区分必要和非必要的物品，去除不必要的物品，减少杂物堆积，保持班级环境的整洁。

2. 整顿：对必要物品进行有序的摆放，通过"定点、定容、定量"的原则，确保每件物品都有其固定的位置，便于快速找到和使用。

3. 清扫：定期对班级环境进行彻底的清洁，包括教室、玩具、设备等，确保无灰尘和污垢，营造一个干净卫生的学习环境。

4. 清洁：除了日常的清扫，还要注重保持环境的清洁状态，通过制定清洁标准和检查机制，确保清洁工作的持续性和有效性。

5. 素养：提升师生的素养，通过教育和培训，培养师生良好的行为习惯和自我管理能力，形成积极向上的班级文化。

6. 安全：确保班级环境的安全，制定安全制度，进行安全教育和培训，预防事故的发生，保障师生的安全。

通过实施 6S 管理，幼儿园可以有效地提高班级管理效率，减少浪费，提升教育质量，同时也能培养幼儿的自理能力和良好的生活习惯。

三、幼儿园班级物品管理的原则

（一）服务教育教学原则

班级物品是教师开展教育教学活动的物质基础，是促进幼儿发展的重要保障。对班级物品进行管理的目的在于为幼儿创设有序、健康、丰富的活动环境，让班级物品更好地服务于教育教学活动及一日活动的开展。对班级物品进行管理本身也是一种教育教学活动。通过参与班级物品管理，幼儿能够增强秩序感，培养生活自理能力，养成良好的物品使用习惯。

幼儿园班级物品管理的原则

（二）勤俭节约原则

教师作为班级的“大管家”，要做到不铺张浪费，养成节约资源的好习惯。在为幼儿提供物质保障的前提下，班级物品的选择和使用应满足幼儿发展的需要和经济适用性要求。例如，班级的图书出现破损，可以修补后继续使用；有的地区盛产竹子，教师可以利用竹子做一些高跷、竹蜻蜓等供幼儿游戏；纸箱、饮料瓶、奶粉罐等都可以一物多用，变废为宝。

图 5-1　幼儿自己修补图书

（三）共同参与原则

班级物品管理不只是教师和保育员的职责，还是班级中每个幼儿的职责。在管理班级物品的过程中，有些教师拒绝让幼儿参与其中，认为幼儿参与班级物品管理是在“帮倒忙”，这种想法是不对的。教师和幼儿都是班级物品管理的主体。教师应根据幼儿的年龄特点，允许幼儿参与到相应的班级物品管理中。

幼儿参与班级物品管理有利于培养他们的责任感和归属感，调动他们参与物品清洁、整理的积极性、主动性，也能锻炼他们分类整理自己物品的能力。

（四）安全实用原则

《幼儿园教育指导纲要（试行）》明确指出：“幼儿园必须把保护幼儿的生命和促进幼儿的健康放在工作的首位。”保护幼儿的健康和安全是幼儿园的责任之一。班级物品的安全，一方面是指物品本身安全，物品要确保无毒、无害、无污染；另一方面是指物品摆放位置安全，电子产品、玩具、悬挂物、墙饰、活动器械等的摆放需要符合安全规范。班级物品并非多多益善，而应根据幼儿学习、生活等的需要以及幼儿的身心特点布置。

四、幼儿园班级物品管理的方法

（一）统一规划，建立班级物品统计表和班级物品变损清单

对班级物品进行登记管理是了解班级物品实际情况、避免物品丢失的有效措施。教师可以在学期初和学期末对班级物品进行清点并登记在班级物品统计表（表 5-1）、班级物品变损清单（表 5-2）中。表格的运用既便于幼儿园对各个班级的物品进行统一记录和分析，也提高了本班的物品管理效率。

幼儿园班级物品管理的方法

表 5-1　××幼儿园________班物品统计表

固定物品				教学用品		生活用品	
物品名称	数量	物品名称	数量	物品名称	数量	物品名称	数量
投影仪	1 套	拖把	2 把	桌子	6 张	床	36 张
电脑	1 台	扫把	2 套	椅子	36 把	凉席	36 床
电脑桌	1 张	垃圾桶	2 个	教具盒	20 个	盖被	36 床
饮水机	1 个	勺子	2 个	耳麦	1 套	垫被	36 床
消毒柜	1 个	食物夹	2 个	铃鼓	1 个	毛巾被	36 床
紫外线灯	2 个	毛巾托盘	4 个	移动黑板	1 块	指甲钳	1 个
空调	2 台	汗巾篮	4 个	文件夹	6 个	梳子	2 把
教具柜	4 个	钟表	1 个			杯子	36 个
置物柜	3 个	书架	1 个			擦手巾	36 块
水杯柜	1 个	植物架	1 个			汗巾	36 块
毛巾架	1 个	电钢琴	1 架			残渣盘	6 个
水桶	1 个	手推餐车	1 辆			筷子	36 双
餐桶	4 个	鞋柜	1 个				

填表日期：________　填表人：________　保管人签字：________

注：如有改动，请及时向后勤管理员报告。

表 5-2　××幼儿园______班物品变损清单

物品名称	单位	数量	变损记录	备注

（二）整体规划与分类放置物品

班级内的物品数量大、种类多，需要按照使用频率和种类进行放置。不同种类的收纳装置的使用方法和适用场所需要根据物品的结构、形状、颜色、材料等属性来区分。例如先将物品按照功能分放在收纳筐中，并在收纳筐统一位置贴上名称、数量等标志。物品分类摆放好后，每次取用后要及时放回原处，以便下次使用。对于使用频率较低的物品（一年内没有使用），可以贴上红色标签并储藏在仓库中；对于使用频率中等的物品（半年内需要使用），可以贴上黄色标签，并将其摆放在工作区域的相应位置，方便使用时寻找；对于使用频率较高的物品（每月、每周或每日都要使用），可以贴上绿色标签，并将其摆放在工作区域显著位置，便于随时取放。

（三）完善物品管理制度，明确管理分工

教师、幼儿、保育员都应是班级物品管理者。班级应按照“谁使用、谁保管、谁负责”的民主分工原则，建立健全班级物品管理制度。负责人要整理班级物品，保管齐全，并做好取用记录。在一般情况下，教师主要负责班级教学用品和幼儿活动用品的管理，保育员主要负责班级公共卫生用品和幼儿个人生活用品的管理。虽然管理有分工，但在实际工作中，班级工作人员要协作，共同负责。此外，幼儿也是班级物品管理的主体。教师要激发幼儿参与班级物品管理的积极性和主动性，培养幼儿的秩序感与生活自理能力，让幼儿养成物归原处的良好习惯。同时在对物品进行分门别类管理的过程中，要让幼儿初步掌握实物概念，真正发挥物品管理的教育意义。

（四）培养幼儿的物品管理能力

幼儿物品管理能力的培养首先要从基本的物品管理技能入手。教师应将日常生活、教学活动和游戏活动相结合，综合利用集体活动、小组活动、个别活动等形式，灵活培养幼儿的物品管理能力。

1. 日常生活中

幼儿的一日生活中蕴含着重要的教育价值。教师可以在进餐、午睡、盥洗、喝水等各个环节渗透物品管理的理念，实施物品管理的教育活动，如要求幼儿午睡前整理摆放好脱下来的衣服、鞋子，喝完水要将水杯放回水杯架上等。

案例

做完早操后，好多幼儿出了汗，纷纷脱去外套，按老师的要求把衣服放在寝室的床上。但是当江老师进行检查时，发现好多幼儿根本没学会叠衣服，甚至有些幼儿根本没有叠，就将衣服胡乱放在了床上。怎样才能让他们迅速学会正确地叠衣服呢？

这时耳边传来小班早操的音乐声。江老师灵机一动，心想，何不让幼儿手中的小衣服、小裤子也活动几下呢！于是午睡前，江老师喊口令，请幼儿们让衣服“伸伸臂”（将衣服拉平，将两只袖子向外拉直），“拍拍肩”（将两只袖子向内叠），再“弯弯腰”（将衣服对折整齐）。叠裤子时，要求幼儿们先让裤子“立正”（拉直拉平两条裤腿），再“两腿并拢”（强调一条裤腿不动，另一条裤腿叠到上面），再“下蹲”（将裤子对折整齐）。孩子们边听口令边操作小衣服、小裤子“做操”，都学得特别开心，不知不觉中就学会了叠衣服。

从此以后，衣服乱卷、乱丢的现象慢慢消失了，寝室的床上也变得整整齐齐。

2. 教学活动中

在教学活动中，教师可以灵活运用集体活动、小组活动、个别活动等形式帮助幼儿掌握物品管理的技能。比如大班幼儿即将进入小学，整理自己的书包是他们必备的技能。教师可以通过集体教学活动有计划、有目的地引导幼儿掌握整理书包的技能。幼儿对物品管理技能的掌握情况也存在差异，教师需要通过观察、了解，给予幼儿适当的个别帮助和指导。例如在午睡环节，教师通过观察发现有的幼儿对衣服的基本结构不了解，衣服挂在衣架上总是滑落，于是教师请会挂的幼儿来展示自己是如何挂衣服的，让个别幼儿学习其中的技巧，在继续尝试和练习后，最终习得这项技能。

3. 游戏活动中

在游戏中学习物品管理的规则容易被幼儿接受，有助于增强幼儿的物品管理能力。例如：在建构游戏中，教师为幼儿创设一个搭建“家庭”的情境，让幼儿扮演不同的角色，学习如何管理自己的物品；在角色扮演游戏中，幼儿需要学习售货员整理超市陈列的商品，分类整理理发店的用品；等等。

（五）为每位幼儿提供存放私人物品的“专柜”

在条件允许的情况下，幼儿园应尽可能为每一位幼儿提供可以存放私人物品的空间，如为每个幼儿配备一个带有柜门的柜子，这样可以有效分类存放幼儿的衣物、自带的玩具和图书等。这让空间看起来更整洁的同时，也满足了幼儿的个人空间需求，便于幼儿自主管理个人物品。

第二节　幼儿园班级信息管理

案例导入

午睡结束后，幼儿们正在吃着点心。今年新入职的小一班的马老师领着豆豆小朋友一路小跑来到了幼儿园的保健室，气喘吁吁地对保健老师说：“王老师，快给豆豆看看，她这是怎么了？刚才起床还好好的，吃完水果，她的嘴巴和脸上就出现了一片片的红色印子，她还一直用手挠说痒。”

保健老师问：“今天下午吃的什么水果呀？”

马老师立刻回答：“桃子。”

保健老师说：“孩子应该是吃桃子过敏了。这种特殊体质的孩子，家园联系手册上应该有记录吧？”

这时马老师的搭班老师闻讯赶来，对马老师说：“豆豆对桃子过敏，不能吃桃子，以后一定要先了解每个孩子的基本信息。不过幸好你发现得及时。我刚刚给她的妈妈打过电话了，她的妈妈说吃得不多的话，疹子一会儿就会消退。我们注意观察吧。”

班级信息管理是幼儿园班级管理的一部分，主要涉及对幼儿园班级相关信息的系统化管理，包括幼儿信息管理、班级教育信息管理以及班级日志管理。这一管理过程旨在有计划、有目的地收集、加工、整理、储存和使用与幼儿园班级相关的信息。

一、幼儿园班级信息管理的内容

（一）幼儿信息管理

班级中的幼儿信息管理主要是指对幼儿成长信息的记录和管理。它是幼儿园班级管理的一项重要工作。幼儿信息要全面反映幼儿各个方面的情况。幼儿信息管理主要包括幼儿学籍档案管理、幼儿成长档案管理和幼儿健康档案管理。

1. 幼儿学籍档案管理

幼儿学籍档案管理是指对幼儿从入园到毕业离园期间的学籍管理工作，包括学籍的增加、删除、修改、查询等方面的管理工作。幼儿学籍档案的内容主要包括幼儿的入学时间、姓名、性别、出生年月、家庭住址、家庭成员及家长联系方式等基本信息。

作为教师了解幼儿的第一手资料，学籍档案应尽量翔实地记录幼儿的整体情况，以保证真实有效地反映幼儿成长的状态。教师应该为班级每一位幼儿准备一份学籍档案，根据具体情况不断更新内容，以保证信息的时效性。

2. 幼儿成长档案管理

幼儿成长档案管理是对幼儿成长过程中的活动情境和发展轨迹进行档案式的、动态的记录的过程。幼儿成长档案的内容主要包括幼儿的基本信息、照片、作品，教育评价，家长反馈，以及一些有意义的音频、视频资料等。它强调的是过程性和发展性，反映幼儿的兴趣、态度及其进步、成就等。幼儿成长档案能够帮助教师动态评估幼儿的发展水平。

幼儿成长档案应全面反映幼儿的发展情况，因此包含的材料也应该全面丰富。幼儿成长档案至少应包含的材料有：

① 反映幼儿操作能力的材料。幼儿在活动中动手操作的机会很多。教师可以将幼儿在操作活动中完成的作品如插塑、积塑、积木、自制玩具等有选择地进行拍照，然后将照片归入每个幼儿的档案中。

② 反映幼儿语言发展情况的材料。由于口语具有即时性，教师如果不及时记录幼儿的言语，就较难对幼儿不同时期的语言发展情况做出比较和评价。因此，教师可以利用录音、文字记录等方式将幼儿讲述、背诵、与同伴交谈等的情况记录下来并归档。

③ 反映幼儿认知、社会性发展情况的材料。关于幼儿认知、社会性发展的材料比较多，教师需要着重选择一些具有代表性的资料，如反映幼儿对数、形、时空等的认知情况的资料，体现同伴之间合作、协商、互助等可以代表幼儿社会性发展情况的资料。

④ 反映幼儿艺术活动情况的材料。主要包括幼儿在不同时期的美工作品，如绘画作品、折纸作品、粘贴画、泥工作品等，也包括幼儿的歌唱、舞蹈、表演资料等。

图 5-2　幼儿成长档案

3. 幼儿健康档案管理

幼儿健康档案主要反映幼儿身体各方面的生长发育状况，其主要来源是幼儿园对幼儿进行的定期或不定期的身体健康状况测查以及上一级的幼儿卫生健康主管部门对该园幼儿进行的健康状况抽查的数据。

一般来说，幼儿健康档案主要包含以下内容：

① 生长发育资料。幼儿出生后，家长就要为其进行系统的保健管理，定期带幼儿到医疗保健机构做健康检查，如测量身高、体重、胸围、头围、视力等，并与该年龄组幼儿的平均值加以比较，观察其发育是否正常。幼儿进入托幼机构后，则主要由医疗保健机构和幼儿园对其进行定期健康检查及体格发育评价和分类指导。

② 预防接种史。幼儿出生后，家长要及时主动到户口所在地的卫生保健部门为幼儿办理预防接种手续，严格按照免疫程序、接种日期带幼儿进行预防接种，并妥善保管好接种证，如发现接种证损坏或遗失，应当及时补办。

③ 各种疾病史。幼儿的门诊、住院病历，包括各种检查单、体检资料等，家长要逐年依次收集、保管，防止丢失。

④ 各种过敏史。对幼儿在日常生活中和医疗中出现的过敏情况，如食物过敏、接触过敏等情况，家长都要及时记入档案。

⑤ 心理健康档案。幼儿心理健康档案是记录和评估幼儿心理健康状况的档案，它包含了幼儿的基本信息、个性特点和发展水平、情绪情感状态和行为表现、家庭背景和教育支持、问题和干预措施、观察和评估工具、心理评估结果等内容。

拓展阅读

《幼儿园工作规程》第四章——幼儿园的卫生保健

第十七条　幼儿园必须切实做好幼儿生理和心理卫生保健工作。

幼儿园应当严格执行《托儿所幼儿园卫生保健管理办法》以及其他有关卫生保健的法规、规章和制度。

第十八条　幼儿园应当制定合理的幼儿一日生活作息制度。正餐间隔时间为 3.5~4 小时。在正常情况下，幼儿户外活动时间（包括户外体育活动时间）每天不得少于 2 小时，寄宿制幼儿园不得少于 3 小时；高寒、高温地区可酌情增减。

第十九条　幼儿园应当建立幼儿健康检查制度和幼儿健康卡或档案。每年体检一次，每半年测身高、视力一次，每季度量体重一次；注意幼儿口腔卫生，保护幼儿视力。

幼儿园对幼儿健康发展状况定期进行分析、评价，及时向家长反馈结果。

幼儿园应当关注幼儿心理健康，注重满足幼儿的发展需要，保持幼儿积极的情绪状态，让幼儿感受到尊重和接纳。

第二十条　幼儿园应当建立卫生消毒、晨检、午检制度和病儿隔离制度，配合卫生部门做好计划免疫工作。

幼儿园应当建立传染病预防和管理制度，制定突发传染病应急预案，认真做好疾病防控工作。

幼儿园应当建立患病幼儿用药的委托交接制度，未经监护人委托或者同意，幼儿园不得给幼儿用药。幼儿园应当妥善管理药品，保证幼儿用药安全。

幼儿园内禁止吸烟、饮酒。

第二十一条　供给膳食的幼儿园应当为幼儿提供安全卫生的食品，编制营养平衡的幼儿食谱，定期计算和分析幼儿的进食量和营养素摄取量，保证幼儿合理膳食。

幼儿园应当每周向家长公示幼儿食谱，并按照相关规定进行食品留样。

第二十二条　幼儿园应当配备必要的设备设施，及时为幼儿提供安全卫生的饮用水。

幼儿园应当培养幼儿良好的大小便习惯，不得限制幼儿便溺的次数、时间等。

第二十三条　幼儿园应当积极开展适合幼儿的体育活动，充分利用日光、空气、水等自然因素以及本地自然环境，有计划地锻炼幼儿肌体，增强身体的适应和抵抗能力。正常情况下，每日户外体育活动不得少于1小时。

幼儿园在开展体育活动时，应当对体弱或有残疾的幼儿予以特殊照顾。

第二十四条　幼儿园夏季要做好防暑降温工作，冬季要做好防寒保暖工作，防止中暑和冻伤。

（二）班级教育信息管理

幼儿园班级教育信息是指教师依据幼儿园教育目标，为促进教师自身专业发展或完善班务而记录的相关内容，主要包括教育笔记、观察记录内容、个案分析内容、班级工作计划、家园联系手册、特殊幼儿信息等。班级教育信息管理是保证各类教育教学活动质量的需要，也是提升教师教学水平的需要。

1. 教育笔记

幼儿园教师的教育笔记是教师在日常教学工作中，对幼儿教育活动的观察、思考、总结与反思的记录。教育笔记不仅记录了幼儿的学习进展、行为表现、情感变化等，还包含了教师对教育方法的探索、教学经验的积累以及对教育理念的深入理解。教师在日常工作中会遇到各种各样的问题，可以随时记录发生的教育事件、教育问题并深入思考。通过记录教育过程中的观察内容、问题、体验和反思，教师不仅可以记录幼儿的成长和发展过程，还能提高自身的专业素养和保教质量。教育笔记的内容一般包括教学反思、教育心得、家园共育情况等。

拓展阅读

幼儿园教师记录教育笔记的重要性

幼儿园教师记录教育笔记，对其在专业成长、教育实践、观察分析能力、教育研究意识以及教育交流与合作等方面的提升都具有重要作用。

首先，记录教育笔记能够促进教师的专业成长。通过记录和反思自己的教学实践，教师能够总结成功经验和不足之处，从而不断改进自己的教学方法和策略。这种反思过程有助于提高教师的教学水平和专业素养。

其次，记录教育笔记有助于教师积累教学经验。这些经验可以作为教师日后教学的参考。记录教育笔记还需要教师对教育现象进行观察和分析，有助于培养教师的观察能力和分析能力。这对于教师深入了解学生、把握教学规律、解决教育问题具有重要意义。

再次，记录教育笔记有助于教师培养自己的教育研究意识，发现教育实践中的问题，并尝试提出解决方案。这对于推动教育教学改革、提高教育质量具有积极作用。

最后，记录教育笔记可以促进教师之间的交流与合作。教育笔记可以作为教师之间交流和分享的内容，促进教育经验的传播和借鉴。通过阅读他人的教育笔记，教师可以开阔视野，学习更多的教育理念和方法，从而更好地开展教育工作。

综上所述，幼儿园教师通过记录和分享教育笔记，不仅能够促进个人的专业成长，提高个人的教学质量，还能够促进教师群体之间的交流、合作、共同提升。

2. 观察记录内容

观察记录是指教师根据一定的教育目标，在自然条件下观察被研究的对象，如实记录观察对象的行为表现的过程。观察记录的内容包括幼儿进行各种活动的时间、地点，幼儿行为发生的背景，行为方式的变化和新行为，幼儿对自己的行为的感觉，以及幼儿行动时所说的话，等等。观察记录的意义在于帮助教师发现教育中的问题或闪光点，从而优化教育方法和策略，促进幼儿的全面发展。观察记录常用的方法有表格记录法、文字描述法、影像记录法、时间取样法、事件取样法、轶事记录法等。

拓展阅读

时间取样法

某幼儿园的张老师想要了解自己班级幼儿的亲社会行为及其发生的频率，她准备使用的方法是时间取样法。时间取样法即以一定的时间间隔为取样标准，对预先确定的行为是否出现及出现次数进行观察记录的方法。

（1）确定观察目标。

在运用时间取样法时，观察者只能关注他所关心的行为，所以在进行观察之前，必须确定所观察的目标行为。为了确定班级幼儿亲社会行为的发生频率，张老师先对班级幼儿进行前期观察，以确定所要研究的经常发生的几种亲社会行为，以及影响这些行为的个人因素或情境因素。最终确定将合作、分享、谦让、帮助和同情五大类别的亲社会行为作为观察目标。

（2）选取观察时间。

在运用时间取样法时，观察者需要选取具有代表性的时间，即确定观察时间。张老师准备在上午9:00—10:30观察自己班级15个幼儿的亲社会行为及其发生频率，观察时间共90分钟。张老师将这90分钟平均分配在这15个幼儿身上，即观察每个幼儿6分钟。另外，为了观察到具有代表性的行为，她准备在一星期内重复这个过程2次。观察结束后，每个幼儿一共有3次、每次6分钟的行为记录。

（3）设计记录表格。

张老师设计了表5-3所示的亲社会行为记录表，用于记录自己的观察结果。

表 5-3　亲社会行为记录表

幼儿姓名：　　　　　　　　年龄：　　　　　　性别：　　　　　　时间：

分钟	0~10 秒	10~20 秒	20~30 秒	30~40 秒	40~50 秒	50~60 秒
1						
2						
3						
4						
5						
6						

注：① 合作；② 分享；③ 谦让；④ 帮助；⑤ 同情。

张老师观察每个幼儿 6 分钟，通过预观察发现幼儿在观察的时间段内（上午 9:00—10:30）亲社会行为出现的频率是比较高的，因此把每分钟分成 6 个时间段来观察幼儿的各个项目行为，最后在现场观察时在表格相应的位置填写数字。针对某个幼儿，观察第一个 10 秒，将结果在第一栏用对应的数字记录下来，接着观察第二个 10 秒，将结果在第二栏用对应的数字记录下来，以此类推。例如某幼儿在 3 分 13 秒发生了分享行为，就在第 4 行第 3 列表格里填写②。

时间取样法是教师在幼儿园常用的方法。教师只有熟练掌握操作步骤才能提高观察的效率，同时才能有效促进教育教学活动的开展。

3. 个案分析内容

个案分析是幼儿园教师针对幼儿个体的学习与发展情况进行正式评价的一种方式。教师记录幼儿在一段时间内的行为表现，并运用自己的专业知识和教育教学经验对幼儿的学习与发展情况进行分析，一方面能使自身进一步掌握幼儿的学习与发展情况，以及课程的实施情况，进而形成一定的教育教学策略，另一方面也可将分析结果作为家园联系的内容，告知家长。

4. 班级工作计划

制订科学的、切实可行的班级工作计划是教师工作的重要内容，班级工作的有序开展也离不开周密的班级工作计划。班级工作计划的制订，一方面可以使教师明确班级幼儿发展的目标，另一方面可以提高教师班级管理的效率，保证保教质量。

班级工作计划的常见类型有以下几种。

① 学期计划。学期计划是教师在每学期的开学之初制订的计划，是整个学期班级工作的总纲。

② 月计划。月计划是根据学期计划的进程或者某一特定任务，在当月开始前制订的计划。由于幼儿园的教育活动大多以主题活动的形式进行，每个主题活动的时间跨度为一个月左右，因此月计划有时也称为主题计划。主题计划内容一般包括主题说明，主题目标，主题网络图，活动的具体内容、确切时间、特定地点，活动开展的方式及相应的执行人员等。

③ 周计划。周计划是把主题计划以周为时间单位再次进行划分，包括活动的具体内容、确切时间、特定地点，活动开展的方式及相应的执行人员等。

④ 具体活动计划。具体活动计划是为开展某一具体活动而制订的计划。

5. 家园联系手册

家园联系手册是幼儿园班级教师与家长沟通幼儿发展情况的一本手册。教师和家长可以在家园联系手册中介绍幼儿在园和在家的活动情况，就幼儿身心发展的某一问题进行交流，或就教育中的一些困惑进行探讨，共同促进幼儿成长。

6. 特殊幼儿信息

班级的特殊幼儿指的是有特殊需要的幼儿，如自闭症幼儿、脑瘫幼儿、肌张力障碍幼儿、发展迟缓幼儿等。在融合教育的趋势下，特殊幼儿随班就读的比例会大大增加。家长要如实提供特殊幼儿的基本信息，如患病情况、治疗情况、家庭教育情况等，为教师制定有效的教育教学策略提供有效的依据。

（三）班级日志管理

幼儿园班级日志是记录幼儿园班级每日活动、教学进展、幼儿表现、教师观察与反思结果等内容的文档。它通常由班级教师或保育员负责填写，旨在帮助教师系统地跟踪和评估幼儿在园期间的学习、生活、情感和社会性发展等方面的情况。

幼儿园班级日志管理是幼儿园教育工作中不可或缺的一部分。如实记录并管理好班级日志不仅有助于教师全面了解幼儿的发展状况，制订个性化的教育计划，还有助于家长及时了解幼儿在园情况，增强家园共育的实效性。班级日志是幼儿园教育质量评估的重要依据之一。班级日志的关键是纪实，因此班级日志不需要长篇大论，简明扼要即可。班级日志通常采用表格（表 5-4）的形式记录。

表 5-4　××幼儿园班级日志表

班级		日期		教师	
项目	内容	人数	原因	备注	教师签字
出勤情况	应到				
	实到				
	请假				
	未请假				
	服药				
	特殊关注				
	其他情况				

续表

日常活动	上午情况记录	
	中午情况记录	
	下午情况记录	
今日小结		
备注		

二、幼儿园班级信息管理的意义

（一）有助于提高保教质量

教师收集和整理班级信息的过程实际上是对教育过程和幼儿发展情况观察、总结和反思的过程。通过有效的班级信息管理，教师可以更好地了解每个幼儿的生活习惯、个性特点和学习能力，因材施教，促进幼儿个性化发展，从而提高班级的保教质量。

（二）有助于家园合作

通过班级信息管理，教师可以与家长保持良好的沟通，及时反馈幼儿在园的学习和生活情况，同时从家长处了解幼儿的发展情况，引导家长更好地配合幼儿园的教育工作。这种合作有助于教师和家长形成教育合力，共同为幼儿的成长和发展创造更好的教育契机和环境。

（三）有助于积累教育资源，为班级保教质量评估提供依据

实施幼儿园班级保教质量评估时需要对幼儿园班级的保育与教育质量做出评价。评估必须以大量的原始档案资料为依据。收集和保存班级的信息资料，可以为幼儿园班级保教质量评估提供依据，同时也为幼儿园的发展和幼儿的成长留下珍贵的记录资料。

（四）能够为幼儿和家长留下美好的回忆

班级信息可以全面、真实地反映幼儿的成长历程。做好班级信息管理可为幼儿和家长留下美好的回忆，增强幼儿对幼儿园的归属感和认同感。

三、幼儿园班级信息管理的方法

（一）通过各种途径收集信息，并保证信息的全面性

当今社会已进入信息化时代，人工智能迅速发展。教师应利用网络、家长、同事等资源，收集整理有价值的信息，丰富专业知识，增强教育能力。收集班级信息时要注重全面性。信息的全面性一方面是指信息要涉及各个领域。班级信息一般包括幼儿信息、班级教育信息、班级日志信息等。教师在收集班级信息时，要全面考虑。信息的全面性另一方面体现为关注幼儿身体、情感、社会性、语言、个性等方面的发展。信息的全面性还体现在信息应反映幼儿不同阶段的发展情况。在整理幼儿发展评价方面的内容时，教师应通过数据资料呈现幼儿的发展过程。

（二）做好班级信息管理计划，对信息进行收集、整理、归类、评估

教师要对班级信息管理进行长远的计划，对班级信息收集的范围、班级信息收集和更新的频率以及班级信息管理的负责人等方面做出具体的计划和安排。具体来讲，就是在学期初根据教育目标来制订计划，比如本学期有哪些活动、活动中哪些信息需要收集整理，本学期有哪些信息需要更新、需要哪些人员提供信息，收集信息的手段有哪些等。这样收集到的信息才能全面、准确地反映幼儿的发展过程。

（三）明确分工，落实责任到人

班级中应有固定的人员负责班级信息的管理工作，在通常情况下由班级教师负责。负责班级信息管理工作的教师要有耐心和责任心，做事要细致认真。教师在工作中要做个有心人，凡是在班级活动中能够反映本班情况的、具有价值的信息都要纳入班级信息管理范畴中。

（四）做好班级信息的保密工作

班级信息包含幼儿的家庭住址、家长信息、幼儿病史、幼儿特殊情况等内容。教师要妥善保管班级信息，不得泄露幼儿及家长的信息。

为了做好保密工作，幼儿园可以建立信息保密制度，明确保密范围和保密义务，加强全体人员的信息保密意识。班级教师和工作人员都要承担保密责任，不得将信息用于非法用途等。

（五）鼓励家长参与班级信息管理

为了保证班级信息的全面性、完整性、真实性，家长提供的信息不可或缺。在班级信息管理中，尤其是对幼儿信息的整理中，教师一定要动员家长积极参与。例如在对家园联系手册的管理中，教师和家长双方需要交换信息，了解幼儿在幼儿园和家庭中的情况，这时候家长就需要在家园联系手册中填写幼儿在家中的情况，保证教师能够全面地了解幼儿。再如对幼儿成长档案的管理，也需要家长参与。成长档案是记录幼儿发展情况的重要载体，也是值得幼儿一生珍藏的资料，因而应兼具趣味性和美观性。教师可以和家长讨论幼儿成长档案的布局，将照片、文字、图案、手工作品等协调搭配，在凸显内容的同时让页面更加活泼、充满童趣。

思考与练习

一、名词解释

1. 幼儿园班级物品管理：

2. 幼儿信息管理：

3. 观察记录：

二、选择题

1. 在进行班级物品管理时，以下管理方法不合适的是（　　）。

A. 建立班级物品变损清单

B. 分类放置物品

C. 班级中的教师、幼儿、保育员共同管理，无须分工

D. 培养幼儿参与班级管理的能力

2. 以下材料中，不适合放在幼儿成长档案中的是（　　）。

A. 幼儿的插塑、积木作品

B. 幼儿的绘画作品

C. 教师用文字记录的幼儿社会性发展的资料

D. 幼儿游戏时的照片

3.《幼儿园工作规程》指出，幼儿每天户外活动的时间（包括户外体育活动）应不少于（　　）小时。

A. 1　　B. 2　　C. 3　　D. 4

三、简答题

1. 简述幼儿园班级物品管理的意义。

2. 简述幼儿园班级物品管理的原则。

3. 幼儿信息管理主要包括哪些方面？

四、论述题

结合幼儿园实地见习，说一说教师应如何收集、整理、加工、储存班级信息。

五、案例分析题

到了学期末，总会有很多班级日志交到档案室的王老师这里。于是王老师向园长建议，能否将纸质班级日志换成电子班级日志，学期末由班级教师将电子班级日志发送给他，他再备份到档案室的电脑里。园长考虑到每个班级都配有电脑，如果将纸质班级日志改成电子版，教师记录、整理确实也方便了许多，便同意了该建议。

思考：

（1）纸质班级日志和电子班级日志的优缺点分别有哪些？

（2）记录班级日常信息的意义是什么？

（3）如何管理班级信息？

第六章

幼儿园班级公共关系管理

【目标导航】

1. 明确幼儿园班级公共关系管理的含义、构成要素、表现特征及作用。

2. 初步理解公共关系管理在幼儿园班级管理中的实际应用，以及其对于营造健康教育环境的重要性。

3. 探讨幼儿园班级内部人际关系（包括教师与幼儿之间的关系、幼儿与幼儿之间的关系，以及教职工之间的关系）的管理。

4. 探析幼儿园班级与外部环境的关系管理，特别是幼儿园班级与家庭、社区的关系管理。

【思维导图】

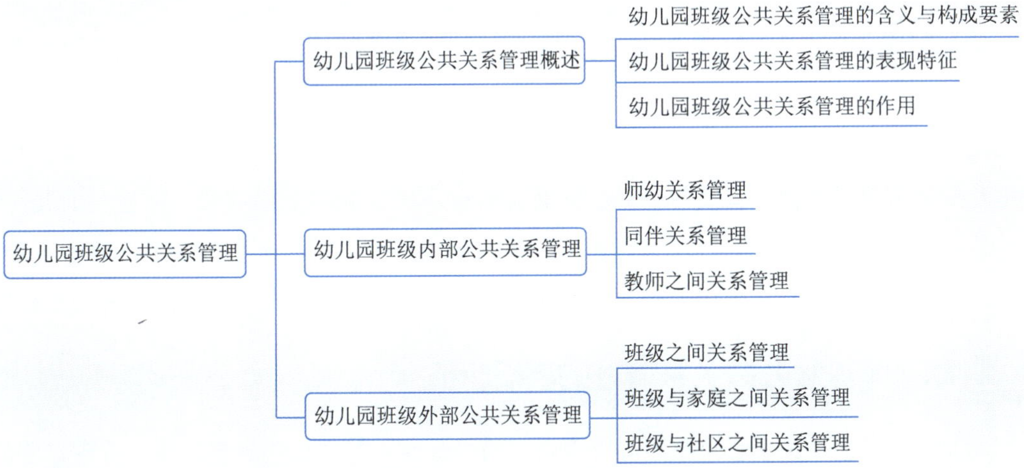

情境导入

幼儿园组织亲子活动，邀请家长到教室里和幼儿一起做手工、玩游戏。班级里充满了欢声笑语，但是也出现了一些状况。有的家长过于强势，在做手工时完全代替孩子操作；有的幼儿和家长因为想法不一致，产生了矛盾，幼儿开始哭闹。

班级教师要在这种情境下做好公共关系管理。对于过于强势的家长，教师要巧妙地引导，比如："家长，孩子有自己的创意。我们可以让他自己先试试，这样能让他更有成就感。"对于幼儿和家长之间的矛盾，教师要及时调解，蹲下来和幼儿沟通，比如："宝贝，你可以和爸爸妈妈好好说你的想法哦，和他们一起把这个手工作品做得更漂亮。"并且，教师要在活动结束后对亲子活动进行总结，感谢家长的参与，同时提出一些希望，如希望家长在今后的活动中更多地尊重孩子的想法等。

本章将介绍幼儿园班级内部公共关系和外部公共关系的相关内容及管理方法，帮助学习者更好地管理幼儿园班级公共关系。

第一节　幼儿园班级公共关系管理概述

一、幼儿园班级公共关系管理的含义与构成要素

幼儿园班级公共关系管理是教师为实现班级管理的目标和任务，有目的、有计划、有组织地运用各种传播手段与内外部沟通衔接，在班级与公众之间建立和发展相互理解与支持的关系的一种管理措施。幼儿园班级公共关系管理是以提高幼儿园班级管理质量、塑造良好的班级形象和创造最佳教育环境为目的的工作。

幼儿园班级公共关系包括班级内部公共关系和班级外部公共关系。班级内部公共关系主要包括师幼关系、同伴关系、教师之间的关系；班级外部公共关系主要包括班级之间的关系、班级与家庭之间的关系和班级与社区之间的关系。管理好班级内外部公共关系能提高班级管理质量，为创造良好的班级氛围奠定坚实的基础，同时能有效促进幼儿的健康成长。在进行幼儿园班级公共关系管理的过程中，教师要协调与管理好班级内部公共关系与外部公共关系，将保育与教育有机结合，与家长、同事及其他相关社会人士共同维护幼儿园班级管理的秩序，共同促进幼儿的发展。

二、幼儿园班级公共关系管理的表现特征

幼儿园班级公共关系管理主要有管理内容的综合性、管理对象的多样性、管理过程的动态性、

管理目标的教育性等特征，具体表现如表 6-1 所示。

表 6-1　幼儿园班级公共关系管理的特征与表现

特征	表现
管理内容的综合性	幼儿园班级公共关系管理不仅包括对师幼关系、同伴关系、教师之间的关系等班级内部关系的管理，还包括对班级之间的关系、班级与家庭之间的关系、班级与社区之间的关系等班级外部关系的管理；同时涉及日常的沟通与交流、活动的开展与组织等
管理对象的多样性	幼儿园班级公共关系管理对象包括幼儿、家长、教师、其他相关社会人士等不同身份的个体。针对不同年龄的幼儿，管理方式会有差异；且不同教师的管理风格也不同
管理过程的动态性	幼儿在不同的年龄段有不同的身心发展特点和需求，管理目标和要求要随之改变。如：针对小班幼儿，要培养其入园适应性，做好情绪的安抚；针对中班幼儿，要培养其集体意识和社交技能；针对大班幼儿，要培养其合作意识与道德品质
管理目标的教育性	幼儿园班级公共关系管理的目标是促进幼儿的全面协调发展，通过家长、社区等的支持，为幼儿提供充足的教育资源与广阔的发展空间，培养幼儿良好的行为习惯、学习能力和社交能力

三、幼儿园班级公共关系管理的作用

幼儿园班级公共关系管理是维系幼儿园生存与发展的重要保障，其作用主要体现在以下几个方面。

（一）融合各方面资源，优化班级管理环境

幼儿园班级公共关系管理旨在建立良好的沟通渠道，融合各方面的资源，促进幼儿的全面发展。

通过定期举办家长会、开放日活动等，教师能让家长深入了解幼儿在班级中的生活、学习情况以及班级管理理念和班级规则制度。这样不仅能增进家长对幼儿园班级管理工作的了解，还能有效提高家长配合教师开展家庭教育的积极性，促进家园共育良好局面的形成。

通过与社区、企事业单位、公益组织等社会各界建立联系，教师可以为班级引入丰富的外部教育资源，如邀请专业人士进行科普讲座、艺术指导，或者组织幼儿参观各类社会设施（如图书馆、消防站等），拓宽幼儿的视野，增强幼儿的社会适应性。同时，这种合作也可能带来物资等方面的援助，有助于改善班级教学环境。

幼儿园班级公共关系管理涉及协调教师与家长、幼儿、社区等多方的关系。当各方出现意见分歧或矛盾时，教师应及时沟通、协调，听取各方意见，寻求共识，妥善处理班级公共关系问题，避免矛盾升级。

同时，教师在开展班级公共关系管理的过程中，还承担着向家长、社会传达国家教育政策、法规等的责任，确保各方对相关内容有清晰的认识并予以配合。

（二）建立内外沟通信息网，促进各方有效交流与沟通

教师在进行班级公共关系管理的过程中，首先要致力搭建一个有效的内外沟通信息网，与各方建立紧密联系。例如，通过家长会、开放日活动、电话、电子邮件、社交媒体平台等方式，倾听并收集家长对班级建设的意见和建议，解答他们的疑问。这样的双向沟通机制不仅增强了家园

共育的效果，也有助于双方消除误解，增进对彼此的理解与信任，形成良好的合作关系。

良好的班级公共关系管理强调信息公开透明。教师应通过定期发布班级工作报告、教学质量评估报告、安全管理措施等信息，让各方了解班级管理情况，从而增强其对幼儿园班级管理工作的认可和信心。同时，积极组织班级幼儿参与社区活动，如环保行动、节日庆典、敬老爱幼服务等，拓宽幼儿的视野，增强幼儿的社交技能。

（三）统筹协调配合，提高幼儿园班级管理质量

在幼儿园班级公共关系管理中，统筹协调配合是提升管理质量的关键要素。

1. 教师之间要配合默契

主班教师、配班教师和保育员既要各司其职又要相互配合，共同促进班级幼儿的发展。主班教师负责筹划班级的日常教育教学活动，配班教师应积极辅助，二者共同在教育教学活动中指导幼儿，促进幼儿全面协调发展。保育教师需要承担幼儿一日生活中的保育、卫生保健等工作，为教育教学活动提供良好的后勤保障。

2. 教师与幼儿之间需要平等互尊

教师要尊重幼儿的个性化发展，在日常生活中有效引导幼儿参与到班级管理中，培养幼儿的自我管理能力，与幼儿共同维护好班级管理秩序。

案例

某幼儿园李老师与班级幼儿一起制定喝水规则：喝水前需要排队取杯子，有秩序接水，接水要适量，接完水要到指定区域喝水（教师会在教室地上的相应位置画一条红线，让幼儿站在红线处喝水），喝完水要按序把水杯放在杯架上。

另外，李老师在喝水的地方放置晨检袋，让幼儿将晨检卡插入袋中。不同颜色的晨检卡代表幼儿不同的身体状况：红色晨检卡表示幼儿生病，教师需要关注幼儿吃药；橙色晨检卡表示幼儿处于亚健康状态，教师需要关注幼儿喝水；绿色晨检卡表示幼儿健康，教师需要督促幼儿正常喝水。在一天的喝水活动中，教师会根据晨检卡有选择地提醒幼儿喝水。

晨检袋的应用反映了李老师在班级管理上的智慧。

3. 教师与家长之间需要密切配合

教师需要与家长密切沟通和配合。教师要将班级管理的理念和方式告知家长，并听取家长的意见与建议，通过有效的家园合作，与家长共同促进幼儿全面发展，提高幼儿园班级管理质量。

第二节　幼儿园班级内部公共关系管理

幼儿园班级内部公共关系管理对于幼儿的身心发展和习惯的培养起着至关重要的作用。在班级管理中，人际关系是重中之重。幼儿园班级内部公共关系主要包括师幼关系、同伴关系、教师之间的关系。好的班级内部公共关系有助于幼儿形成良好的互动能力、沟通能力和社交能力，促

进幼儿的社会性发展，同时有助于教师提高工作的积极性和效率。

一、师幼关系管理

幼儿园班级内部公共关系中，师幼关系是构建和谐教育环境、促进幼儿健康成长的关键。良好的师幼关系能够为幼儿创造安全、充满支持和鼓励的学习与成长环境。教师在进行班级内部公共关系管理时要做到以下几点。

（一）与幼儿建立信任与尊重的关系

1. 注重一致性与平等性相结合

教师在与幼儿相处的过程中应做到言行一致，要有良好的示范性，要及时督促幼儿遵守班级共同制定的规则，对于给予幼儿的承诺，要及时兑现，这样才能更好地体现师幼之间平等、互相尊重的关系。尤其是在班级管理中，教师应该做到公平对待每个幼儿。

与幼儿建立信任与尊重的关系

2. 注重情感支持与榜样树立相结合

在班级日常生活中，教师不仅要关注幼儿的行为习惯，还要注重情感支持和榜样作用。例如：在一次数学集体活动中，教师为了让幼儿理解数的前后关系，通过游戏的形式让幼儿猜数字。小勇选择了数字“8”的卡片，问小亮：“这个数字前面是7，后面是9，这个数字是多少？”小亮很快回答：“这个数字是8。”小勇很不高兴，说小亮偷看了。小亮说他没有。此时教师不能只评判谁对谁错，可以引导幼儿思考为什么小亮可以猜到，倾听幼儿的观点与想法，然后进行点评，也可以让其他幼儿进行互评。教师要为幼儿树立榜样，同时以身作则，积极给予幼儿强化作用，对做好事或者表现好的幼儿予以鼓励和表扬。

3. 尊重个体差异与自主选择相结合

在日常生活中，教师应该尊重幼儿的个体差异以及文化、习俗的差异。例如，在饮食方面，不同民族的幼儿，其饮食习惯可能不同，有的幼儿则对部分食物过敏。对此，教师应该关注食物选择问题，为幼儿提供科学合理的食物。同时教师要关注特殊幼儿的需求，并提供及时的支持和帮助。

总之，教师要认真观察记录幼儿的饮食及日常行为习惯，平等地对待每个幼儿，帮助幼儿更好地参与到班级管理中，多听取幼儿的建议，尊重他们的自主选择。

（二）与幼儿进行积极有效的互动

良好的沟通环境有利于幼儿的身心健康发展。师幼之间积极有效的互动对于创造一个支持性、安全性且有利于学习的环境至关重要。这种互动不仅能够促进幼儿的社会性、情感和认知的发展，还有利于增强师幼之间的信任。教师应该为幼儿创设积极有效的互动环境，让幼儿在和谐的氛围中体验、探索周围的世界。有效的沟通与倾听技巧是师幼互动的关键保障。在日常活动中教师可有意识地培养幼儿良好的沟通和交流习惯，主动搭建起沟通的桥梁，认真倾听幼儿的需求，并及时满足幼儿合理的需要。在与幼儿交流的过程中，可以采用言语线索与非言语线索相互配合的方式，积极给予幼儿回应。例如：教师可以利用言语线索进行提示，让幼儿养成良好的行为习惯；可以利用非言语线索如眼神交流、点头、微笑和动作给予幼儿认可和赞许，或者提醒幼儿不要做某些不妥的行为。

共同决策、积极反馈是师幼互动的实践基础。教师可以与幼儿一起制定班级规则，让幼儿对班级产生归属感。对于制定好的规则，教师可以监督幼儿严格遵守。平时要多给幼儿提供选择的机会，让幼儿在一定的范围内自己做出决定。要经常给予幼儿积极的反馈与鼓励，对幼儿发起的互动行为要予以积极回应。当需要纠正幼儿的行为时，要提供具体、温和的指导，避免贬低或羞辱。

（三）根据与幼儿互动的情况不断反思

教师的成长离不开反思。在幼儿园班级内部关系管理中，师幼互动是核心环节之一，不仅影响幼儿的身心和谐发展，也直接关系到教师的专业成长。教师在与幼儿互动的过程中应该进行有效的观察，记录幼儿的发展情况和需要改进的地方，并定期向家长反馈。教师在观察的过程中应该注意细节，敏锐地捕捉幼儿的行为、表情、语言和肢体动作，分析其情绪情感状态与需要，并据此反思教育教学方式。反思不仅仅是回顾过去的行为，更是深入分析自己的教育教学方式和决策、实现自我提升的过程。

二、同伴关系管理

同伴关系通常是指年龄相同或相近的幼儿在交往中建立和发展起来的人际关系。同伴关系管理是维护班级和谐、促进幼儿社会性发展的需要。良好的同伴关系有助于幼儿建立自尊、自信，学习沟通技巧，学会处理人际关系中的冲突，学会与同伴合作。教师在进行同伴关系管理的过程中要做到以下几点。

（一）创设良好的班级氛围和环境

创设温馨有爱的班级环境可以有效促进幼儿健康成长。教师应与幼儿共同营造出安全、舒适、有序的班级氛围，让幼儿愿意与同伴进行互动。教师要认识到幼儿的独特性和个体差异，满足幼儿的好奇心和求知欲，可以运用多元化的教育方式，引导幼儿尊重和接纳多元文化。教师要提供充足的玩具和材料，引导幼儿有序、合理地使用玩具和材料，营造和谐的班级氛围。同时，教师要根据幼儿的发展特点，为幼儿设计丰富的游戏活动，鼓励幼儿积极参与，在游戏活动中培养幼儿的合作意识，增强幼儿的人际交往技能。

（二）制定班级规则，积极促进幼儿与同伴互动

教师可通过与幼儿一起制定班级规则来促进幼儿的社会性发展，增强幼儿的社会交往技能。

在制定班级规则的过程中，教师要有效分配给幼儿任务，可以通过角色扮演、情景模拟等活动，引导幼儿表达感受和想法，让幼儿掌握相应的社交技巧。教师要鼓励幼儿与同伴交流，引导幼儿轮流发言、耐心倾听、尊重他人，在制定规则的过程中学会征求其他幼儿的意见。良好的同伴互动不仅能够增进幼儿之间的友谊，还能在无形中培养他们的合作意识、沟通能力和解决问题的能力，帮助幼儿养成良好的行为习惯，学会分享、学会思考、学会等待。规则制定完后，教师要督促幼儿遵守共同制定的规则。

图 6-1　我们的一天

图 6-2　班级公约

（三）有效引导幼儿解决矛盾和冲突

在班级中，同伴关系是非常重要的。幼儿们在交往的过程中，不可避免地会产生矛盾和冲突。教师要有效地引导幼儿用正确的方式解决问题。在日常生活中，教师要善于观察，引导幼儿树立正确的价值观，教给他们有效的沟通技巧，创造有利于交往的环境。通过这些措施，教师可以有效地促进幼儿之间的友好交往，帮助幼儿学会解决与同伴之间的矛盾和冲突，促进他们健康、快乐地成长。

案例

果果与凡凡和几个小朋友正在玩“保护蛋宝宝”游戏，规则是攀爬到最上面的滑梯架上，并且“蛋宝宝”没有掉落才算成功。几个小朋友将沙包作为“蛋宝宝”。

当凡凡先开始的时候，果果说：“我先来保护蛋宝宝。”说着就从凡凡手中抢过沙包，将沙包使劲地摔，并将沙包里面的沙子倒了出来，导致旁边的小朋友被沙子迷了眼睛，表现出不悦的情绪。

此时教师过来询问。果果大声喊道：“这样可以让‘蛋宝宝’轻一点，不容易跑！”

教师听完后对果果采用积极的干预方式，耐心地劝诫果果应该遵守保护“蛋宝宝”的规则，不能随意拆掉“蛋宝宝”进而影响同伴。

最后果果向同伴道了歉，然后重新和大家一起按照规则愉快地玩起游戏来。

当幼儿之间产生矛盾和冲突时，教师首先要冷静，了解事情的来龙去脉，才能在后续的引导中做到公正、公平，让双方都心悦诚服。同时，通过观察，教师还可以了解幼儿的行为模式和性格特点，为后续的教育提供依据。上述案例中果果的情绪较为激动，教师就采用温和的干预方式进行处理，并且在解决问题时做到让果果心服口服，避免了幼儿之间矛盾的进一步激化。同时教师引导果果正确认识到了问题并改正了错误行为。

在一日生活中，教师要教幼儿如何进行合理表达和倾听，通过一些游戏活动引导幼儿学会控制自己的行为，增强幼儿的同理心，促进幼儿之间的有效交往。同时，教师要注意营造温馨、和谐的班级氛围，让幼儿愿意敞开心扉，与他人交流。对于特殊幼儿，在必要的时候，教师需要寻求家长和其他教师的支持，共同帮助幼儿解决问题。

（四）鼓励幼儿参与班级管理，增强幼儿的责任意识和担当意识

在日常生活中，教师应该让幼儿参与到班级管理中，发挥幼儿的主体性作用，促进幼儿之间的交流。通过角色扮演，让幼儿承担相应的班级管理责任。比如：可以在大班幼儿中开展“值日小当家”活动，让幼儿在值日的过程中体验劳动的辛苦和责任，促进幼儿道德品质的发展。可以在小班和中班幼儿中开展“游戏预约站”活动，让小班、中班幼儿轮流发放游戏预约卡。在发放预约卡的过程中，幼儿可以锻炼自己与他人沟通的能力，增强思考并解决问题的能力，加强责任意识和担当意识。

基于幼儿的年龄特征，教师应进行细致而周到的角色分工，引导幼儿在分工合作时有意识地照顾他人的感受。也可以通过整理玩具、照顾动植物、参与清洁工作等活动，培养幼儿的责任意识与参与意识，激发幼儿参与班级管理的热情。

图 6-3 “值日小当家”活动

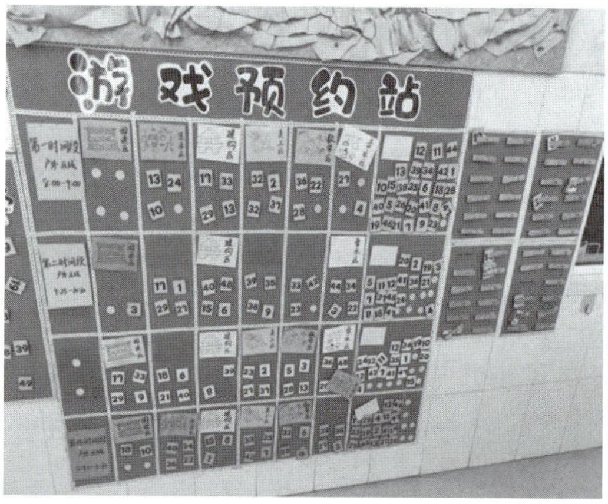

图 6-4 “游戏预约站”活动

三、教师之间关系管理

在幼儿园的教育环境中，教师之间的关系直接影响到班级管理的效果与质量，不仅影响着教师团队的工作氛围，也会影响幼儿的成长与发展。良好的教师之间关系可以通过以下方式建立。

（一）确立共同的目标与价值观

共同的目标与价值观有助于增强教师之间的凝聚力。班级教师围绕着一个共同的目标努力时，他们会在相互合作中形成紧密的团队联系，从而提高工作效率和教育质量。

首先，确立共同的目标与价值观有助于教师规范自己的行为。在教育过程中，共同的目标和价值观能促使教师规范自己的行为，在面对各种问题时与其他教师保持一致的处理态度，维护班级的稳定性。

其次，确立共同的目标与价值观有助于增强教师的归属感。当教师意识到自己是团队中不可或缺的一员时，他们会更加珍惜这份工作，并以更高的热情投入教育教学中。这种归属感有助于激发教师自身的潜能，提高其班级管理水平。

再次，确立共同的目标与价值观有助于促进教师之间的沟通与协作。在共同的目标和价值观

的指导下，教师之间的沟通会更加顺畅，协作会更加紧密。这种良好的沟通与协作氛围有助于解决教育过程中出现的各种问题，为幼儿创造和谐的成长环境。

总之，教师之间确立共同的目标与价值观对于构建彼此的和谐关系具有重要意义，能为幼儿园班级管理奠定坚实的基础。

（二）明确职责与分工

教师之间的关系涉及多方面的协作。主班教师、配班教师和保育员等应各司其职，共同为幼儿的成长创造良好的环境。在这个过程中，明确职责与分工至关重要。例如，主班教师负责教育教学、课程设计、幼儿评价等方面的工作，保育员专注于幼儿的生活照料、安全监护等日常生活事务，配班教师则承担起班级管理、资源调配等职责。

在职责与分工明确的基础上，教师之间应建立良好的沟通机制。通过定期召开班级会议、分享工作经验、互相学习交流，教师之间可以更好地了解彼此的工作内容，充分发挥彼此的专长，从而提高工作效率。

此外，明确职责与分工还有助于避免教师工作中的交叉与重复，确保班级管理工作的顺利进行。

（三）保持有效的沟通

有效的沟通是幼儿园班级管理中教师之间关系和谐的基础。教师之间通过积极、开放、真诚的沟通，可以增进对彼此的了解，减少误解和冲突。

一是及时交流和沟通。教师之间应及时就幼儿在园内的表现和需求进行交流和沟通，以便调整教育策略和管理措施。

二是尊重彼此的意见。教师之间应以平等、客观的态度进行讨论和交流，尊重彼此的观点和意见，避免情绪化和主观臆断。

通过有效的沟通，教师之间能够更好地发挥团队协作的优势，为幼儿创造优质的教育环境。

（四）相互尊重，平等合作

教师之间的关系良好是班级和谐发展的关键。在这个过程中，教师之间的相互尊重和平等合作显得尤为关键。

具体而言，相互尊重意味着每位教师都尊重他人的教育理念、教学方法和个性特点，认识到每位同事都是班级管理中不可或缺的一部分。平等合作则是教师之间关系管理的另一重要原则。在幼儿园班级管理中，教师应摈弃等级观念，平等地参与到班级事务的决策和管理中。这意味着在制订教学计划、组织活动、处理班级问题等方面，每位教师都享有平等的发言权和决策权。通过平等合作，教师之间能够更好地发挥各自的优势，形成合力，共同为幼儿的成长和发展贡献力量。

在相互尊重、平等合作的前提下，教师之间才能顺畅地交流思想、分享经验、共同解决问题。

第三节　幼儿园班级外部公共关系管理

幼儿园班级外部公共关系主要包括班级之间的关系、班级与家庭之间的关系及班级与社区之间的关系。在幼儿园班级外部公共关系管理过程中，教师要和家长积极配合，与社区有效协作，促进班级与外部环境的良性互动，借助外部资源提升幼儿教育质量，促进幼儿的全面发展。

一、班级之间关系管理

幼儿园班级之间的关系是指不同班级之间在幼儿园这个大环境下所形成的相互联系、相互影响的关系。幼儿园班级之间关系管理涉及两个方面：一是以教师为中心的班际交往；二是以幼儿为中心的班际交往。

（一）以教师为中心的班际交往

1. 共享教学资源

教师之间有时需要对教学资源、教学材料、优秀案例、玩教具等进行共享，还会分享教学经验、教学过程等。例如，某个班级教师制作了一套精美的玩教具，其他班级教师可以借用这套玩教具，在班级教学活动中展示其玩法。在日常班级管理工作中，有经验的老教师可以与年轻教师结对，以“老带新”的方式分享班级管理经验，帮助年轻教师快速成长、提高专业素养。

2. 协作活动

在幼儿园组织的大型活动（如亲子活动、节日庆典等活动）中，教师之间需要跨班级协作，商讨活动的流程、场景的布置和人员的分工，根据不同的任务相互配合。例如：在幼儿园大型亲子活动中，教师相互配合、协商，有的教师负责安全保护工作，有的教师负责现场场景的布置，有的教师和幼儿一起游戏。

（二）以幼儿为中心的班际交往

1. 游戏互动

幼儿在游戏中可能会跨越班级进行互动，尤其是在户外活动中。例如，在一些大型的自由搭建游戏中，不同的班级之间可能会进行不同的分工合作。教师可引导幼儿协商拟搭建“建筑”的形状、搭建的方式、“建筑”功能等，在相互交流探讨的过程中解决问题。又如，在功能室中，教师可安排不同班级幼儿扮演不同角色，如医生、护士、病人等，增进幼儿对彼此的了解。幼儿在游戏互动过程中不仅可以增强交往能力，还可以丰富知识经验。

2. 建立友谊

不同班级的幼儿通常会在户外活动、晨间活动间隙相见，他们会分享自己的玩具和日常生活中有趣的事情，在互动中逐步建立同伴关系。教师可以组织不同班级的幼儿交换绘本阅读，分享阅读体验。在这个过程中，幼儿不仅可以阅读新书，与其他同伴交流经验，还可以结识新朋友。

二、班级与家庭之间关系管理

在幼儿园班级外部公共关系中，班级与家庭之间的关系是重要的一部分。在幼儿园班级外部公共关系管理中，教师是连接班级与家庭的桥梁。教师会根据班级幼儿的情况安排相应的教育教学活动，而家庭教育应与幼儿园教育接轨，达到“5+2>7”的效果。有的班级教师总会抱怨幼儿周末两天在家，就把一些在班级中习得的良好的行为习惯遗忘了。周一幼儿入园后，教师不得不重新为幼儿树立规则意识。教师与家长应密切配合，在教育理念上达成共识，共同促进幼儿的全面发展。

幼儿园班级与家庭之间关系管理主要体现在教师与家长之间关系管理上。幼儿园班级与家庭之间关系管理具体包括以下几个方面。

（一）针对幼儿一日生活的当面沟通与交流

教师与家长平时常会针对幼儿一日生活进行面对面沟通与交流。家长通过交流，了解幼儿在园的情况。教师应该详细记录幼儿在园的饮食、卫生、学习、活动等情况，及时向家长反馈幼儿从入园到离园一天生活中的表现。在交流过程中，教师可以使用案例说明、数据分析等方式，让家长更直观地了解幼儿的成长状况。同时，教师还应鼓励家长积极参与班级活动，增进家长对教师教育教学工作的了解。

以班级为单位的教师与家长的沟通与交流是不可或缺的。这种方式能促进教师与家长之间的和谐互动，有助于教师与家长形成教育共识，共同为幼儿的全面发展创造良好的环境。

（二）家庭访问

家庭访问不仅让教师有机会了解幼儿的家庭环境和生活状态，还能让教师与家长进行更为深入的交流。

在家庭访问过程中，教师可以观察幼儿在家的行为习惯、兴趣爱好及亲子互动情况，从而为幼儿在园的行为表现做出更全面的解读。家庭访问也能让家长感受到教师对幼儿的关心，增强家园合作意识，从而与教师共同努力促进幼儿的全面发展，纠正幼儿的不良行为习惯。

家庭访问不仅有助于教师与家长之间建立紧密的合作关系，也有助于幼儿园与家庭共同为幼儿营造和谐、有利于成长的教育环境。需要注意的是，教师在家庭访问的过程中，应该及时记录幼儿家庭的相关情况、家庭访问内容及与家长交流的情况等，以便对家庭访问效果等进行总结，有针对性地调整教育方式。

家庭访问记录表如表 6-2 所示。

表 6-2　家庭访问记录表

填表人：　　　　　　　　　　　　　　　　　　　　　　　　年　　月　　日

幼儿姓名		家长联系电话		到访方式	
家庭地址				到访时间	
家庭情况				主要监护人	
家访内容					
家长意见					
家访总结					

（三）电话联系

电话联系在教师与家长之间的沟通中很常见。它能够跨越时间和空间的限制，让教师与家长在非面对面的情况下也能保持紧密联系。通过电话，教师可以及时告知家长幼儿在园内的表现，包括学习进展、生活适应以及情绪变化等方面的情况，也能从家长处了解到幼儿在家的情况。

电话联系需要注重沟通的细节。例如，在通话时间上，教师应选择适当的时间联系家长，避免打扰家长工作或休息。在沟通方式上，教师应做到以下几点。

（1）表达清晰：教师应确保语言表达简洁明了，避免家长产生误解。

（2）语言礼貌：教师应保持礼貌的语气，以尊重家长、关心幼儿的态度与家长进行沟通。

（3）耐心倾听家长的想法：教师应耐心倾听家长的意见和建议，与家长共同探讨幼儿的成长问题。

（4）给家长提供具体的教育建议：教师可以根据幼儿的表现，给予家长一些具体的家庭教育建议，帮助家长更好地配合教师，促进幼儿的发展。

案例

小明是某幼儿园小班的一名幼儿。在幼儿园的一次户外活动中，小明在玩滑梯的时候不小心摔倒了，膝盖擦破了皮。

主班教师张老师发现小明受伤后，立即将小明带到保健室进行简单的伤口处理。保健老师为小明清洗伤口并涂上了碘伏。随后，张老师回到教室，拿出小明的入园资料，查找小明家长的联系电话。

张老师拨打了小明妈妈的电话。电话接通后，张老师先礼貌地打招呼：“您好，请问是小明的妈妈吗？”在得到肯定答复后，张老师温和地说：“小明妈妈，您好。我是小明的主班教师张老师，很抱歉打扰您。小明在今天的户外活动玩滑梯中不小心摔倒了，膝盖擦破了点皮。不过您不用担心，我们已经带他到保健室进行了处理，现在小明的情绪也比较稳定了。”

小明的妈妈在电话那头非常焦急地问："严重吗？有没有去医院看看呢？"

张老师耐心地回答："目前来看伤口不严重。我们保健室的老师有专业的护理知识和经验。不过我们也会持续观察，如果发现有任何异常情况，比如伤口红肿或者小明有不舒服的表现，我们就会第一时间带他去附近的医院并通知您。"

小明的妈妈表示理解并感谢张老师的及时处理，还询问了一些关于后续照顾的问题，比如是否需要给小明穿宽松一点的裤子等。张老师都一一给予了专业的建议。

在接下来的几天里，张老师每天都会通过电话向小明的妈妈反馈小明膝盖伤口的恢复情况，直到小明完全康复。

（四）网络交流

以班级为单位的网络交流主要是指教师与班级幼儿的家长通过互联网平台进行的信息传递与互动。这种交流方式具有及时性、便捷性和互动性等特点。

幼儿园教师通常会建立班级微信群、QQ 群等社交媒体群组，以便和家长实时沟通，分享幼儿在园和在家的情况。网络交流的内容主要包括以下几个方面：一是教师向家长通报幼儿的在园表现，包括学习、生活、情感等方面的变化；二是家长向教师反馈幼儿在家中的情况，以便教师更好地了解幼儿，制定有针对性的教育方案；三是教师与家长共同探讨孩子的教育问题，分享教育心得。

以班级为单位的网络交流发挥着至关重要的作用。这种交流方式不仅提高了沟通效率，还有助于教师与家长形成教育合力，为幼儿创造更加和谐的成长环境。

（五）家园联系手册

家园联系手册是一种专门设计用于记录幼儿在幼儿园和在家情况的工具。它针对班级中每个幼儿的生活、学习情况，在教师与家长之间搭建起一座沟通的桥梁。

家园联系手册中详细记录了幼儿在幼儿园、在家的表现，涉及幼儿在饮食习惯、个人卫生、劳动习惯、作息习惯、社交互动等方面的情况（表 6-3、表 6-4）。家园联系手册有助于教师和家长及时了解幼儿发展的情况和遇到的问题，也有助于家长解决教育困惑，让教师与家长形成教育合力，达成教育共识，共同促进幼儿的全面发展。

家园联系手册的具体内容通常包括以下几个方面：

（1）幼儿的基本信息，如姓名、年龄、班级、家庭联系方式等。

（2）幼儿在班级里的日常表现，包括饮食、睡眠、学习、社交等方面的情况。

（3）教师观察到的幼儿的情况，如性格、兴趣、优点、需要改进的地方等。

（4）家长的反馈和建议。家长可以针对幼儿的表现提出自己的看法和教育建议。

（5）教师与家长的沟通记录，主要记录双方在沟通中达成的共识和讨论出的解决方案等。

表 6-3　家园联系手册（在家情况）

姓名：　　　　　　　　记录人：　　　　　　　　第　　周　　　　日期：

项目	表现（画"√"）	项目	表现（画"√"）
饮食习惯	优秀（　） 良好（　） 加油（　）	文明礼貌	优秀（　） 良好（　） 加油（　）
个人卫生	优秀（　） 良好（　） 加油（　）	社交能力	优秀（　） 良好（　） 加油（　）
劳动习惯	优秀（　） 良好（　） 加油（　）	自我服务	优秀（　） 良好（　） 加油（　）
作息习惯	优秀（　） 良好（　） 加油（　）	学习习惯	优秀（　） 良好（　） 加油（　）
家长的观察记录：			
家长想说的话：			

表 6-4　家园联系手册（在园情况）

姓名：　　　　　　　　记录人：　　　　　　　　第　　周　　　　日期：

项目	表现（画"√"）	项目	表现（画"√"）
饮食卫生	优秀（　） 良好（　） 加油（　）	体能锻炼	优秀（　） 良好（　） 加油（　）
自我服务	优秀（　） 良好（　） 加油（　）	沟通能力	优秀（　） 良好（　） 加油（　）
文明礼貌	优秀（　） 良好（　） 加油（　）	学习习惯	优秀（　） 良好（　） 加油（　）
情绪情感	优秀（　） 良好（　） 加油（　）	社交能力	优秀（　） 良好（　） 加油（　）
教师的观察记录：			
幼儿的进步表现：			

（六）家长园地

家长园地的作用不容忽视，它不仅是一个信息交流的平台，也是促进家园合作、增进家园理解与信任的重要桥梁。

家长园地为家长提供了一个了解幼儿在园生活、学习状况的窗口。通过通知栏、公告栏以及幼儿作业展示墙等，家长可以直观地感受到教师的教育理念与教学方法，从而更好地理解并支持教师的工作，与教师共同促进幼儿的成长。

家长园地是家长与教师之间沟通的重要渠道。教师可以通过家长园地发布班级动态、教育资讯以及各类活动通知等，让家长及时了解园所的最新信息。同时，家长也可以在家长园地中留言或提出建议，与教师进行有效的互动，共同关注幼儿的成长。

家长园地在促进家长之间的交流与合作方面也发挥着积极作用。通过家长园地，家长们可以分享育儿经验，相互学习。良好的家园互动氛围有助于形成积极向上的教育环境。

图 6-5　家园零距离

图 6-6　家长园地

（七）家长会

在家长会上，家长们会充分利用这个平台，详细表达自己在家庭教育方面的看法、需求和期望。他们不仅会分享幼儿在家的表现，还会就教师的教育教学方法、班级管理策略等方面提出意见和建议。教师则会针对家长的观点做出积极的回应，或者做详细的记录。通过这种集体沟通，家长能够更深入地了解班级教师的教育理念和教学实践，进而更好地支持和配合幼儿园的工作，教师也能根据实际需要调整教育策略，提高教育质量，增强幼儿园班级管理的有效性和针对性。。

家长会设计案例

（八）家长开放日

在家长开放日当天，家长会受邀到幼儿园参观，观察和参与幼儿的学习和生活。通过家长开放日活动，家长可以亲身感受幼儿的学习环境，了解班级课程设置和教师的教学方法等，与教师和幼儿园管理人员交流，了解幼儿的学习情况以及教师的教育理念和教学目标，从而更好地支持和配合教师的教育工作。

家长开放日活动也有助于增进家长之间的沟通。家长可以互相交流育儿心得，分享教育经验，互相学习，从而改进自己的家庭教育方法，更好地促进幼儿的发展。

在幼儿园班级管理中，家长开放日活动作为一种集体沟通途径，具有很高的价值。通过举办家长开放日活动，幼儿园可以更好地与家庭建立紧密的合作关系，共同为孩子的成长创造良好的环境。

（九）家长进课堂

家长进课堂是指家长带着自身的职业技能、生活经验以及独特的文化背景走进课堂，向幼儿介绍与自身职业有关的内容，丰富幼儿的体验。家长进课堂是幼儿园班级公共关系管理中的重要环节，能够拉近班级与家长之间的距离。

一方面，家长进课堂能够拓宽幼儿的视野。幼儿根据不同职业的家长的介绍，能学习到各个领域的简单知识。另一方面，家长进课堂能增进家长与幼儿之间的情感交流，在温馨的互动中了解幼儿在班级中的日常表现。同时，教师可以借此机会了解家长的教育理念和资源，家长也能在实践中体会教师的教学工作。这一方式不仅丰富了班级中的课堂教学资源，还能以一种独特的方式促进家园共育，优化教育环境，为孩子的全面发展奠定坚实的基础。

案例

某幼儿大班开展了一次家长进课堂活动。两名家长来给幼儿们传授和自己职业相关的知识。

医生家长穿着白大褂，带着听诊器等简单的医疗工具走进教室。首先给幼儿们介绍了医生这个职业的相关情况，比如医生的工作是帮助生病的人恢复健康。然后用简单易懂的方式讲解了一些基本的健康知识，如为什么要勤洗手，还现场示范了正确的洗手步骤，让幼儿们跟着一起做。又让幼儿们用听诊器听听自己和同伴的心跳声。幼儿们都觉得非常新奇有趣。

厨师家长穿着厨师服，带着一些食材和简单的烹饪工具走进教室。先给幼儿们介绍了食物的营养，如蔬菜含有丰富的维生素等。然后现场制作了两道简单又健康的小吃——水果沙拉和肉松寿司。在制作过程中，他给幼儿们简单讲解了食材的处理方法，如如何切水果、如何卷寿司等。制作完成后，让幼儿们品尝，同时告诉他们自己动手做食物是很有趣的事情。幼儿们都表现得很感兴趣。

（十）家委会

家委会成员是家长的代表。家委会不仅关注幼儿的学习和生活状况，还关注他们的心理健康和情感需求。家委会会向教师传达家长们的意见和建议，帮助教师更好地了解家庭的需求。同时，家委会还能够参与制定和改进班级管理制度与策略，协助教师解决一些家庭教育中的难题，促进家园合作。

教师要耐心听取家委会的反馈信息，及时调整教育教学策略，与家长共同为幼儿创造一个有利的成长环境。

三、班级与社区之间关系管理

在幼儿园班级管理中，教师不仅需要关注幼儿的日常生活和学习，还需要与社区建立良好的互动关系，合理利用社区资源，与社区共同为幼儿创造良好的成长环境。

幼儿园班级与社区之间关系管理主要体现在资源共享与支持、共同举办社区活动以及共同保障幼儿的安全与健康等方面。

（一）资源共享与支持

资源共享是指班级与社区之间在物质资源、人力资源以及信息资源等方面进行有效的整合与共享。

1. 物质资源方面

在幼儿园班级与社区之间关系管理中，物质资源共享是提升教育质量和培养幼儿全面发展的重要手段。物质资源包括但不限于教具、玩具、学习材料等，是幼儿教育过程中不可或缺的元素。社区与幼儿园班级实现资源共享，可以有效地减轻幼儿园的经济负担，使教育资源利用最大化。例如，教师可以与社区图书馆合作，定期组织幼儿前往图书馆借阅图书或者在图书馆阅览室中阅读图书。这样既能丰富幼儿的知识，又节省了幼儿园购买大量图书的费用。教师可带领幼儿参观社区内的科技馆、博物馆等场所，请相关人员给幼儿传授知识，开阔幼儿的眼界。同时，教师还可以积极争取社区内企业的支持，比如企业捐赠一些教育资源，如玩具、教具、体育用品等，为班级的教育活动提供物质支持。

物质资源共享与支持是幼儿园与社区推动幼儿教育发展的重要途径。通过这种合作，幼儿园能够更好地满足幼儿的需求，同时也能为社区和谐做出一定的贡献。

2. 人力资源方面

除了物质资源共享与支持，资源共享与支持还体现在人力资源方面。班级教师作为专业教育工作者，能够为社区提供优质的幼儿教育服务。而社区拥有丰富的志愿者资源，可以为幼儿园班级提供辅助教学、亲子活动支持等服务。通过协同合作，双方可以充分利用各自的人力资源，为幼儿创造更加全面、多元的教育环境。

（二）共同举办社区活动

社区可以借助幼儿园班级的教育资源，开展各类社区文化活动、亲子活动等，增进家庭与社区之间的联系，为幼儿教育做出贡献。

社区可以联合幼儿园班级开展主题教育活动，邀请专业人士为幼儿讲解相关知识，培养幼儿的公民意识，引导幼儿学会遵守规则、尊重他人、爱护环境等。

社区也可联系幼儿园开展丰富多彩的文化活动，为幼儿提供更多的学习机会，拓宽他们的知识视野。

社区还可以联合幼儿园，邀请专业人士进行讲座、辅导，提高幼儿园教师队伍的专业素养，从而给予幼儿更好的教育。

（三）共同保障幼儿的安全与健康

幼儿园需要与社区紧密合作，采取科学、有效的安全措施，保障幼儿的安全与健康。例如：在班级卫生方面，教师与社区相关人员应共同监督班级环境卫生，预防传染病的传播；在幼儿心理发展方面，在必要的时候，教师可以借助社区专业人士的力量，为幼儿提供专业的心理咨询和辅导，帮助幼儿提高心理素质。

幼儿园班级管理者与社区紧密合作，有助于形成一种良好的互动机制。在这种机制下，双方可以定期交流幼儿安全与健康方面的信息，共同分析问题，制定解决策略，努力为社区内幼儿创造一个安全、健康的成长环境。

案例

某幼儿园家长沙龙活动——帮助解决孩子的注意问题

【沙龙主题】

聚焦幼儿注意，助力幼儿成长。

【沙龙目的】

1. 了解幼儿的注意发展情况，关注幼儿注意的四个品质（广度、稳定性、分配、转移）。

2. 通过亲子互动游戏，缓解家长焦虑的情绪。

3. 为家长提供一些实用的方法来帮助孩子集中注意力，促进家长之间的交流与经验分享。

【沙龙流程】

（一）开场

1. 主持人欢迎家长的到来，简单介绍活动的主题和目的。

2. 主持人播放一段关于幼儿注意力不集中现象的小视频，引发家长的共鸣。

（二）专家讲座

1. 幼儿注意力集中的时长。

主持人邀请专家讲解幼儿注意发展的阶段性特点，例如，小班幼儿注意力集中的时长一般为3~5分钟，中班幼儿注意力集中的时长一般在10分钟左右，大班幼儿注意力集中的时长能延长到10~15分钟。

2. 影响幼儿注意力的因素和相应的解决策略。

专家分析影响幼儿注意力的因素，并给出相应的解决策略。影响幼儿注意力的因素包括环境（如噪声、过多的玩具等）、饮食（如高糖食物可能导致幼儿注意力不集中）、睡眠质量等。帮助幼儿集中注意力的科学方法有很多，比如为幼儿设定明确的任务和规则，采用游戏的方式集中幼儿的注意力，如拼图游戏、搭积木等可以提高幼儿的专注度。

（三）家长分享经验和亲子游戏

1. 家长分享经验。

主持人邀请家长代表上台分享他们帮助孩子集中注意力的经验。例如，一位家长分享如何通过制定家庭时间表，固定孩子的学习、游戏和休息时间，来集中孩子的注意力。另一位家长分享如何和孩子一起进行亲子阅读，在阅读过程中如何通过提问等方式引导孩子集中注意力。

2. 亲子游戏体验。

沙龙活动设置了不同的情境，让家长和幼儿一起游戏。例如，在户外游戏“蒙眼过雷区”（挑战专注力和默契）中，地上随意摆放了一些小物件作为雷区。家长要蒙上眼睛，在幼儿的引导下，绕过所有障碍，穿越雷区。碰到任何一个障碍物，地雷即“爆炸”，游戏结束。幼儿必须集中注意力，才能与家长成功完成游戏任务。

【沙龙收获】

家长认识到每个孩子都是独特的，不能用统一的标准去衡量和教育。通过沙龙活动，家长们学习到了专业的教育知识，也了解了不同家庭的教养方式，相互取长补短，共同进步。

思考与练习

一、名词解释

1. 幼儿园班级公共关系管理：

2. 同伴关系：

3. 家园联系手册：

4. 幼儿园班级之间的关系：

二、选择题

1. 在幼儿园班级公共关系管理中，与家长沟通时，以下最有助于建立良好的班级公共关系的方式是（　　）。

A. 只在幼儿园开家长会时告知幼儿情况

B. 定期通过多种方式（如面谈、微信群、电话等）与家长分享幼儿的点滴进步与不足

C. 当幼儿犯错时才联系家长

D. 从不主动联系家长，等家长来问

2. 当班级里两个幼儿发生冲突时，作为教师应该（　　），维护良好的班级公共关系。

A. 直接批评看起来比较调皮的幼儿

B. 让两个幼儿互相道歉，不管谁对谁错

C. 了解事情的经过，引导他们正确处理冲突，并借此机会教育全班幼儿如何相处

D. 忽略这件事

3. 幼儿园举办班际活动，本班级要和其他班级合作完成一个项目。以下班级公共关系管理方式正确的是（　　）。

A. 只关注本班级的任务，不考虑其他班级的进度

B. 积极与其他班级教师沟通协调，分享资源并互相帮助

C. 觉得自己的班级做得最好，对其他班级的建议不理会

D. 让其他班级承担大部分工作，自己的班级坐享其成

三、简答题

1. 简述幼儿园班级公共关系管理的表现特征。

2. 简述幼儿园班级公共关系管理的作用。

四、论述题

论述班级与家庭之间关系管理的方法有哪些，并举例说明。

五、拓展练习

设计幼儿园家长开放日活动，包含学习成果展示、亲子游戏活动、生活环节展示等。

第七章

幼儿园班级管理工作评价

【目标导航】

1. 理解并掌握幼儿园班级管理工作评价的内涵、作用、原则、类型、方法及组织与实施。

2. 熟悉幼儿园班级管理工作评价的内容和标准，能运用正确的方法对幼儿园班级管理工作进行合理评价。

3. 初步认识到幼儿园班级管理工作评价的重要性，愿意主动尝试开展幼儿园班级管理工作评价。

【思维导图】

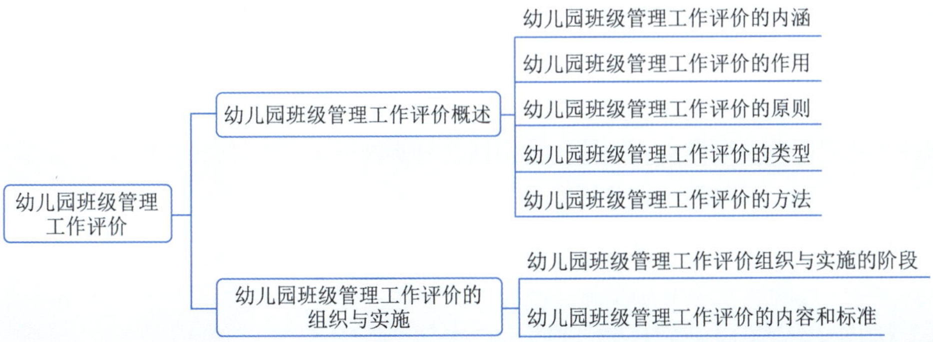

情境导入

为提升班级管理质量，增强班级管理效果，促进幼儿健康成长，某幼儿园决定开展班级管理工作评价。业务园长安排教研组组长从环境创设、常规管理、安全等方面进行评价。教研组组长让教师们先自行准备材料，有些教师尤其是年轻教师觉得无从下手。

那么，班级管理工作由谁来进行评价？采用什么方法进行评价？评价哪些方面的内容？评价的标准又是什么？怎样才能保证评价全面、可行、有效呢？本章将围绕这些问题，介绍幼儿园班级管理工作评价的相关内容。

第一节　幼儿园班级管理工作评价概述

《幼儿园教育指导纲要（试行）》明确指出："教育评价是幼儿园教育工作的重要组成部分，是了解教育的适宜性、有效性，调整和改进工作，促进每一个幼儿发展，提高教育质量的必要手段。"幼儿园班级管理工作评价是幼儿园班级管理过程的重要一环，是保证幼儿园班级管理工作质量的关键，同时也是判断幼儿园班级管理计划的实施过程是否科学、必要、可行、有效的比较客观的方法。如果缺少评价这一环节，幼儿园班级管理工作很可能会出现原地踏步甚至倒退的现象。

一、幼儿园班级管理工作评价的内涵

幼儿园班级管理工作评价是指在系统、科学和全面地收集、整理幼儿园班级管理工作信息的基础上，对班级管理工作计划的执行情况进行全面检查并分析优缺点等的过程。它主要包括对幼儿园班级管理工作整体规划的评价、对幼儿园班级保教工作的评价、对幼儿园班级环境的评价等方面。

二、幼儿园班级管理工作评价的作用

案例

按照规定，幼儿园安排人员对每班的常规工作、环境创设、教育活动、安全工作、家长工作等方面进行检查与评价。对此，几位教师开始议论：

教师 A：有什么好查的？还不都是一个样？查来查去，没完没了。

教师 B：我每天忙得连喝水的时间都没有，哪有工夫给他们提供材料？

教师 C：这都是形式上的东西。有这工夫还不如好好想想怎么减轻我们的负担，让我们能把全部的精力放在陪孩子上。

思考：请分析以上教师对班级管理工作检查与评价的认识。你同意他们的观点吗？为什么？

幼儿园班级管理工作评价对整个班级管理工作起着十分重要的作用，关乎班级保教质量的提升，关乎班级幼儿和教师的发展。评价结果有助于教师分析教育教学情况，不断提升班级管理效率和质量，进而提升教育教学质量。

为什么要开展幼儿园班级管理工作评价？

（一）反馈作用

无论哪种层面上的评价，其首先表现出的作用就是反馈。反馈的结果有助于教师调整和改进管理方法，提高工作质量。幼儿园班级管理者通过幼儿园班级管理工作评价可以及时把握幼儿园班级计划完成的情况及完成的质量，敏锐地发现管理过程中存在的问题，从而更好地管理班级。

（二）诊断作用

幼儿园班级管理工作评价的诊断作用体现在，幼儿园班级管理者根据评价结果，能够及时地诊断出班级管理计划中存在的问题并加以改进，加强其科学性和可行性。

（三）促进作用

幼儿园班级管理工作评价的促进作用体现在它可使幼儿园班级管理者进一步明确班级管理的方向，树立正确的教育观和质量观，从而更好地实现班级管理工作的目标，也有助于班级管理者将理论与实践紧密结合，创新班级管理的思路，形成新的教育理论。

三、幼儿园班级管理工作评价的原则

幼儿园班级管理工作评价的原则一般包括下列几个。

（一）客观性原则

客观性原则要求评价人员要客观、科学地确定评价标准，在评价中必须采取公正、实事求是的态度，不能主观臆断或掺杂个人情感。评价标准一经确立，就不能在评价过程中随意改变，更不能因评价对象不同而随意变化。

（二）可行性原则

可行性原则要求评价人员保证幼儿园班级管理工作评价是切实可行的，评价指标具有一致性和普遍性，评价方法简单、易操作等，以便真实地反映班级管理中存在的优势与不足，促进班级管理者自我改进、优化教育等。

（三）全面性原则

全面性原则要求评价人员综合运用多种评价方法、多种评价指标，综合分析幼儿园班级管理工作各部分、各要素的协同作用和效果。要想有效地发挥评价的效用，评价人员就必须对幼儿园班级管理工作进行全面的评价。幼儿园班级管理工作评价既涉及人的因素，又涉及物的因素；既有对动态的活动要素进行的考量，又有对静态的活动要素进行的评判。

（四）方向性原则

方向性原则即评价人员要合理制定评价目标，明确评价的方向。评价目标具有规定行动方向、指导工作实践的作用，可以使幼儿园班级管理工作评价有目的、有计划地开展，而不是随意盲目地进行。评价人员应坚持评价与指导相结合，有针对性地进行评价，以确保幼儿园班级管理工作评价有正确的方向。

以上原则确保了幼儿园班级管理工作评价结果的科学性和合理性。

四、幼儿园班级管理工作评价的类型

在具体的幼儿园班级管理工作评价中，为了有针对性地解决谁来评、评什么、怎么评的问题，我们有必要对班级管理工作评价进行具体的分类。

从不同的角度划分，幼儿园班级管理工作评价有不同的类型。常见的分类方法如下。

《幼儿园教育指导纲要（试行）》第四部分教育评价

（一）按评价主体分类

《幼儿园教育指导纲要（试行）》指出："幼儿园教育工作评价实行以教师自评为主，园长以及有关管理人员、其他教师和家长等参与评价的制度。"可见，按评价主体分类，幼儿园班级管理工作评价可分为教师自我评价与他人评价两类。

教师自我评价指教师反思自己的工作情况，总结自己工作中的经验和不足。这种评价可调动教师的积极性，促进教师的专业发展，但存在有些教师对自己的问题看不清的情况，因此教师在实施自我评价时也需要适当听取他人的意见和建议。

他人评价主要是指幼儿园管理者、其他教师、家长、幼儿等对班级的保教工作、环境创设、家长工作等方面进行的评价。它有助于教师提升班级管理质量，进而促进幼儿的学习与发展。

拓展阅读

评价主体多元化

评价主体是幼儿园办园（包括班级管理）质量评价中一个很重要的因素。但从以往幼儿园班级管理评价来看，更多的是管理者或教育行政部门进行评价，关注更多的是评价结果。评价主体多元化强调教育行政部门、管理人员、社会、教师、幼儿、家长均是幼儿园班级管理质量评价工作的参与者，尤其是幼儿、教师和家长应该成为重要的评价主体。

1. 幼儿。

美国学前教育学者丽莲·凯茨指出，通过自下而上的视角，即通过幼儿的日常经验来评价教育质量具有潜在的价值。幼儿是幼儿园班级管理最直接的感受者和受益者。因此，幼儿有评价的权利，这也具有实际意义。在对幼儿园班级管理质量进行评价时，我们应该通过观察和访谈等方式了解幼儿的日常经验，参考幼儿的表现情况，进而评价班级管理的质量。在制定班级管理目标时考虑幼儿自身的需要和兴趣，在实际的日常情境中评价，保证了评价的真实性，顺应了当今发展性评价的改革趋势。

2. 教师。

教师是幼儿园班级管理的实践者，理应成为幼儿园班级管理质量最重要的评价主体。教师应该加强自我评价与反思，运用专业知识审视自己的班级管理实践，发现、分析、研究、解决问题，增加主体间的沟通和协商，这样既能为自己更好地组织班级管理工作提供参照标准，也是教师实现自身专业发展的重要途径，真正实现“以评促进”。

3. 家长。

家长是幼儿的第一任教师，家长参与幼儿园的工作评价势在必行。家长作为评价主体主要是通过对班级管理本身和实施中的某些内容和状况的了解，对幼儿园班级管理质量做出评判。幼儿园应该通过家园合作的方式让家长参与幼儿园班级管理质量的评价，如通过“家长志愿者”“家长助教”、亲子活动、家园联系栏等方式让家长了解班级管理的相关工作，为家长参与评价创造良好的条件。

（摘引自王萍《幼儿园班级管理质量评价多元化的思考》，有改动）

（二）按评价方法分类

按评价方法分类，幼儿园班级管理工作评价可分为定量评价和定性评价两类。

定量评价是把评价指标量化，并采用模型和数学统计方法对评价对象做出评价。定性评价是通过对评价对象平时的表现、现状的观察和分析，结合文献资料直接对评价对象做出评价。

定量评价和定性评价是从不同角度、用不同的方法对评价对象进行评价，它们可互为补充、互相支持。幼儿园班级管理工作评价一般会将定量评价和定性评价结合起来，以保证评价结果客观、科学。

拓展阅读

评价方法多元化

传统的评价往往注重结果或目标的达成情况，重视客观的量化评价方法。《幼儿园教育指导纲要（试行）》指出：“评价应自然地伴随着整个教育过程进行。综合采用观察、谈话、作品分析等多种方法。”由此可以看出幼儿园的评价方法正向以形成性评价为主的多元化评价方式发展，改变了以往的总结性评价占主导的方式，将形成性评价和总结性评价结合起来。在评价的方法上，幼儿园应该重视动态的过程，主张通过问卷调查、督导检查、课堂行为、档案、日志、访谈等方法进行评价，也就是将量化评价和质性评价相结合。

（摘引自王萍《幼儿园班级管理质量评价多元化的思考》，有改动）

（三）按评价时间分类

按评价时间分类，幼儿园班级管理工作评价可分为诊断性评价、形成性评价和总结性评价三类。

诊断性评价又称前期评价，是在开展幼儿园班级管理工作之前进行的预测性评价，或者是对评价对象的发展基础和条件的测定。比如制订幼儿园班级管理工作计划前要对班级现状、幼儿发展状况、兴趣及需求等有所了解，否则无法确定管理工作的内容及重点。

形成性评价又称中期评价，是在幼儿园班级管理过程中针对管理效果进行的持续性评价，其目的在于及时获取班级管理的反馈信息，从而适时调整管理进程、方法、手段。比如幼儿园班级家长工作评价伴随班级家长工作的全过程。通过评价结果，教师可以分析在开展家长工作的过程中遇到的问题及解决方法，不断改进工作方式。

总结性评价又称终期评价，是在幼儿园班级管理计划实施后对其结果所做的评价。它以预先设定的班级管理目标为依据，判断评价对象实际达成目标的情况，一般在学期结束后进行。它既能全面反映该阶段的班级管理成果，又能为以后制订新的管理计划提供客观依据。

五、幼儿园班级管理工作评价的方法

幼儿园班级管理工作评价的方法是实现幼儿园班级管理评价、达到评价目的的主要手段，是以现代教育评价的基本理论为依据，以管理评价实践的需要为出发点，借助部分学科，特别是教育测量学、教育学、心理学等的有关方法，经过管理评价实践检测、筛选、修改完善而逐步形成的方法。常用的幼儿园班级管理工作评价方法有观察法、调查法、访谈法、实地检查法、文献法等。评价人员一般要根据实际需要选择适宜的评价方法，也可综合运用多种方法，进行全方位的幼儿园班级管理工作评价。

（一）观察法

观察法是评价者根据评价对象的特点和指标的要求，有目的、有计划地在自然状态或实验条件下观察评价对象并获取评价信息的方法。该方法主要利用看和听，还可以充分利用照相机等作为辅助工具。如班级一日常规、环境、物品等的管理都可以用此方法进行资料的收集。

观察法因其简便易行、自然真实，可广泛运用于幼儿园班级管理工作的很多方面。评价人员在运用观察法时要注意制订严密的观察计划，做好相应的知识准备，进行客观的观察记录（表 7-1、表 7-2）。

表 7-1　××幼儿园一日生活活动观察评估表

时间：　　　　　班级：　　　　　评估人员：　　　　　人员类别：

一级指标	二级指标	三级指标	具体表现	观察要点	观察记录
一日生活安排相对稳定合理，并能根据幼儿的年龄特点、个体差异和活动需求做出灵活调整，避免活动安排频繁转换、幼儿消极等待	一日生活安排稳定、合理	设计合理	1. 一日生活计划符合本班幼儿的年龄特点	活动环节匹配活动目标，材料匹配年龄特点	
			2. 一日生活安排动静交替	活动安排做到高结构活动和低结构活动交替	
			3. 一日生活安排适应当地天气	在恶劣天气下保证 60 分钟以上室内体育活动；针对不同天气有相应的生活照料准备	

续表

一级指标	二级指标	三级指标	具体表现	观察要点	观察记录
一日生活安排相对稳定合理，并能根据幼儿的年龄特点、个体差异和活动需求做出灵活调整，避免活动安排频繁转换、幼儿消极等待	一日生活安排稳定、合理	环节流畅	1. 保育工作与教育工作衔接顺畅	三位老师站位合理，无视线盲区；三位老师共同参与幼儿的保教工作	
			2. 幼儿活动空间转换次数合理，活动不被打断或干扰	幼儿无须频繁搬椅子、更换游戏地点，没有游戏被打断的情况，连续的自主游戏时间达到45分钟以上	
			3. 环节衔接顺畅，幼儿无拥挤和消极等待现象	活动间转换过渡自然流畅	
		幼儿自主	幼儿可以自主选择自己的游戏伙伴、材料和场域	班级有规则、音乐、材料等支持幼儿自主选择	
评价及建议					

表 7-2　××幼儿园游戏活动观察评估表

班级：　　　　　　　　教师：　　　　　　　　　　观察记录者：

要素	等级水平	赋值	记录及说明
选择计划	幼儿尽其所能地靠近自己感兴趣的人或物体	☆	
	幼儿能用一两个词或简短的句子描述自己的计划并完成计划	△	
	幼儿花费大部分时间（至少 20 分钟）来实施计划	○	
解决问题	幼儿不能确定问题所在，面对活动中的问题不是采取某种行动或转向其他活动	☆	
	幼儿知道问题所在，但并未尝试去解决	△	
	幼儿能主动帮助其他伙伴解决人际交往或材料使用中遇到的问题	○	
回顾反思	幼儿表示希望某事再次发生或再次回到某事发生的场所	☆	
	幼儿能回忆某事的细节，或者能回忆三件或更多的事件	△	
	幼儿能说出已发生的某事的缘由，下次自己是否会做出同样或不同的行为；或者回忆他人在同样情境下的行为	○	
表征发展	幼儿能注意到并表示某个事物或人物在外形上像某些其他的事物或人物，能认识到事物或人物之间的相似性（边做边想）	☆	
	幼儿能有目的或有意识地用某个事物或人物替代其他事物或人物（先想后做）	△	
	幼儿能表征包含三个或三个以上部分/角色的事物或人物，能以独特或出乎意料的方式表征事物或人物	○	
语言沟通	幼儿参与游戏但无任何语言或自言自语	☆	
	幼儿常采用诉诸权威、命令、批评、强迫、不愿沟通、语言上的攻击等方式与他人交流	△	
	幼儿常采用礼貌性的要求、利他、分享、轮流、商量、共同计划等方式与他人交流	○	

续表

要素	等级水平	赋值	记录及说明
社会互动	游戏层次为单独游戏或平行游戏	☆	
	游戏层次为简单社会游戏（有直接的社会性行为，如发出声音、给人材料、微笑、触碰、攻击行动等，但未能合作）	△	
	游戏层次为合作游戏	○	
情感发展	幼儿能用脸或身体动作（如亲吻、拥抱、拍身、踢咬等）表达某种情绪	☆	
	幼儿能给某种情绪命名，试图控制自己情绪的表达	△	
	幼儿能用更多的词汇描述自己的情绪，并能知晓面对同样的事件，不同的人会有不同的情绪	○	
综合评价			

（二）调查法

调查法是通过对评价对象进行书面调查而获取评价信息的方法，主要适用于对范围广的问题进行大面积调查。调查问卷可当场发放，直接填写，也可通过通信网络的形式发给调查对象。调查法主要使用问卷和调查表两种工具，前者主要用于征询被调查者的态度、看法、意见、建议等；后者则多用于了解一些必要的事实或数据。如评价班级保教工作质量、家长工作现状等可用此方法进行资料收集。

调查法可以在短时间内获取大量信息，也可使被调查者自由地表达意见，结果较为可靠，但编制科学合理的问卷或调查表是一项技术性较强、要求较高的工作。

拓展阅读

幼儿教师胜任力自评定问卷

亲爱的老师：

您好！

非常感谢您参加我们的调研。本测验仅用于科研，绝无任何其他目的，您填写的内容我们绝对予以保密。本测验的每一小题都有五个备选答案，答案没有对错之分，只要您根据自己的实际情况选择一个最适合的答案即可。

本问卷采用 Likert 自评式 5 点量表法计分：从“从不”到“总是”记为 1 分到 5 分，数字越大，表示该答案越符合您的观点或实际情况。

例如：幼儿教师应鼓励幼儿做力所能及的事　1　2　3　4　5

根据您的理解，您如果认为幼儿教师不应鼓励幼儿做其力所能及的事，就在“1”上画“√”；您如果很少这样认为，就在代表“很少”的“2”上画“√”。以此类推。

谢谢您的支持与合作！

您的基本情况：

您所任职幼儿园的性质：公办□　　私立□

您的学历：本科及以上□　　大专□　　中专及职高□

您的教龄：0~2 年□　　3~5 年□　　6~9 年□　　10 年以上□

	从不	很少	有时	经常	总是
1. 我允许孩子合理地发泄情绪	1	2	3	4	5
2. 当孩子特别调皮时，我会体罚孩子	1	2	3	4	5
3. 我能在孩子面前承认自己的错误	1	2	3	4	5
4. 上课时，我能调动每一个孩子的积极性	1	2	3	4	5
5. 我能让班级内的每一个孩子都知道我的要求	1	2	3	4	5
6. 我的语言富有逻辑性、趣味性	1	2	3	4	5
7. 我会根据具体情况采用不同的方式	1	2	3	4	5
8. 在接手一个新的年级时，我总比别人适应得快一些	1	2	3	4	5
9. 我在面对突发事件时沉着冷静，不惊慌失措	1	2	3	4	5
10. 我班上的孩子都很喜欢我	1	2	3	4	5
11. 在涉及孩子的利益时我能公平公正、奖惩有度	1	2	3	4	5
12. 我能够观察到每一个孩子的心理状态和情绪变化	1	2	3	4	5
13. 我愿意倾听孩子说话，不会表现出厌烦情绪	1	2	3	4	5
14. 对一件事，我能够从多角度去思考	1	2	3	4	5
15. 我能从整体上规划孩子的教学计划	1	2	3	4	5
16. 我努力给孩子创造平等的机会	1	2	3	4	5
17. 我说话不愿意伤害他人感情	1	2	3	4	5
18. 我没有权威意识，对待孩子平等	1	2	3	4	5
19. 我愿意向同事学习、向实践学习以增长知识	1	2	3	4	5
20. 别人对我提出批评时，我会反省自己	1	2	3	4	5
21. 我关注事物的细节，善于以小见大	1	2	3	4	5
22. 我会对家长发牢骚	1	2	3	4	5
23. 我与孩子交流时，会隐藏自己的情绪	1	2	3	4	5
24. 我愿意通过各种渠道了解每一个孩子	1	2	3	4	5
25. 我做到了向家长承诺的事情	1	2	3	4	5
26. 当看到孩子进步成长时，我感到非常快乐	1	2	3	4	5
27. 孩子在园时我愿意对孩子负更多责任	1	2	3	4	5
28. 我喜欢与人交往	1	2	3	4	5

29. 我觉得我对幼儿的成长负有责任	1	2	3	4	5
30. 我从不向家长抱怨工作的辛苦	1	2	3	4	5
31. 即使是工作中的一些细节问题我也能发现	1	2	3	4	5
32. 我很注意新的教学动态	1	2	3	4	5
33. 我认为教师也可以搞科研	1	2	3	4	5
34. 我喜欢尝试新的教学方法	1	2	3	4	5
35. 我经常能在工作中体会到快乐	1	2	3	4	5
36. 做幼儿教师是我的兴趣所在	1	2	3	4	5
37. 我认为教师这个职业很神圣	1	2	3	4	5
38. 我注意保护幼儿的自尊心，使之不受伤害	1	2	3	4	5

（摘引自朱晓颖《幼儿教师胜任力问卷的编制及初步运用》，有改动）

（三）访谈法

访谈法是一种口头调查法，是评价者按照访谈提纲，通过与评价对象面对面谈话或是小组座谈会的方式直接收集信息的方法。该方法通常用于了解评价对象的态度、心理状态等，不受文字能力的限制。

访谈法简便易行，灵活性较强，但比较费时费力，不适合大范围的调查。访谈所获资料的有效性、科学性往往取决于调查者本人的研究素质和技能。因此，运用访谈法进行评价，应将采用其他方法收集的资料加以对照比较，以便准确地做出判断。

案例

问：您作为教师，在进行幼儿园班级管理工作评价中，会重点关注哪些方面的内容？会依据什么样的标准进行评价？

A 教师：我主要关注班级环境、教育教学、一日生活常规以及教师间的团队协作。在环境创设方面，在物质环境创设上主要看是否安全、合理，如设施设备有无安全隐患、教室是否干净整洁、物品是否摆放有序、环境布置是否丰富且符合幼儿年龄特点、环境是否富含教育性等；在精神环境上主要看师幼关系和同伴关系是否和谐等。在教育教学方面，主要看教学计划与目标是否适宜、完整，教学方法是否多样，幼儿参与度是否较高等。在一日生活常规管理方面主要看生活常规和班级秩序，如作息是否安排合理，活动是否注重对幼儿生活自理能力的培养，活动转换是否合理、有序，行为是否规范等。在教师团队协作方面主要看教师之间是否能进行有效的沟通与协作，团队整体素质是否能提升等。

B 教师：我会重点关注孩子五大领域的目标能力的发展，也会关注班级保育和教育工作、课程游戏化理念。如孩子在一日活动中是否自主，教师的相关决定是否尊重幼儿想法，教师对幼儿游戏的观察和指导是否适宜，师幼互动过程是否良性发展。评价主要采用阶段性评价和作品评价，还有学期末的综合评价。

C 教师：我主要会依据 2022 年教育部颁布的评估指南的相关内容和标准进行评价。主要关注保育与安全、教育过程、环境创设、教师队伍等方面。

（四）实地检查法

实地检查法常用于对托幼机构总体健康环境和管理水平进行评定，例如，对幼儿园班级生活活动、游戏活动、运动活动、学习活动进行实地检查，对幼儿基本用房及活动场地等空间条件及其合理使用情况进行测定，对玩具、教具、家具、设备的配备及其利用情况进行测定，对室内外环境的通风、采光、绿化、安全、卫生及空气质量等情况进行测定。

（五）文献法

文献法是指通过查阅与评价对象有关的材料收集评价资料的方法。资料内容包括各种文字与数字资料。评价人员应根据需要查阅文献，也可将文献法与其他收集信息的方法结合使用。

在收集文献时要选取具有代表性的、高水平的文献，在对文献中的内容进行剖析和评价时，要有独立的思想和认识。特别需要注意的一点是，在引用文献内容时要尊重原创，标明出处，且引用观点要全面准确，不可掐头去尾。

第二节　幼儿园班级管理工作评价的组织与实施

一、幼儿园班级管理工作评价组织与实施的阶段

幼儿园班级管理工作评价的组织与实施主要包括下面三个阶段。

（一）准备阶段

准备阶段是具体评价实施前的预备阶段，是评价实施过程的有机组成部分。“工欲善其事，必先利其器”，这一阶段的工作做得好，各项准备工作到位，就能为下面高质量的评价打好基础。这一阶段的工作内容主要有以下两个方面。

1. 人员准备

根据不同的评价类型和预期评价的内容，由相关评价人员组成评价小组。评价小组成员要进行分工，各自明确自己的职责范围，做到各司其职，认真负责。

评价人员一般应具备以下条件：

（1）具有与评价内容有关的知识和专业背景。

（2）具备正直、公平、原则性强、认真仔细、尊重他人等优良品质。

（3）具有宽广的知识面，对幼儿园班级管理工作的各方面都有所了解。

2. 方案准备

幼儿园班级管理工作评价方案是对整个幼儿园班级管理工作评价的系统性规划，是实施评价工作的基本依据。它是评价组织者根据幼儿园班级管理工作评价的目的，遵循幼儿园班级管理工作的客观规律，在评价实施前拟定的有关评价的目的、内容、范围、方法、程序和预期结果的纲领性文件，是幼儿园班级管理工作评价准备阶段最核心的内容。评价方案必须要明确评价的目的和内容，确定评价标准，落实评价工具。

（二）实施阶段

实施阶段的工作内容一般有以下几个方面。

1. 宣传发动

宣传发动的主要目的是统一评价者与评价对象的思想，防止双方产生各种消极因素和各种抵触情绪，使有关人员有一个良好的心态，抱着积极的态度参与评价工作。

2. 收集信息

收集信息是评价实施过程中最费时、费力但也是最有实质性的工作。这一工作要求评价者具有较高的素质和良好的工作态度。收集来的信息是否全面、客观关系到评价的信度、效度。评价者应尽可能运用科学的工具、技术，获取可靠的资料。

3. 处理评价信息

在获得大量信息的基础上，评价者根据评价对象的实际情况与各项指标的符合程度，酌情予以判断、评价，然后进行汇总。

4. 撰写评价报告

处理好评价信息后，应由专人撰写评价工作的总结报告材料，对评价对象进行综合判断，并得出有关是否达到标准或优良程度的结论。总结报告材料应按材料项目分类归档。

（三）评价结果的处理阶段

幼儿园班级管理工作评价是为了改进幼儿园班级管理工作，所以评价者要对评价结果进行解释，帮助评价对象认识到已经取得的成绩和存在的主要问题，共同分析问题产生的根源，以切实促进评价对象班级管理水平的提高。

需要注意的是，《幼儿园教育指导纲要（试行）》指出“幼儿园教育工作评价实行以教师自评为主”，《“十四五”学前教育发展提升行动计划》也提出“健全幼儿园保教质量评估体系，充分发挥质量评估对保教实践的科学导向作用，提高教师专业素质和实践能力”，因此在整个幼儿园班级管理工作评价过程中教师的自我评价很重要。教师通过有效的自我评价和反思改进，能提升幼儿园班级管理工作的质量和水平。幼儿园要重视教师自我评价的准确性和主体性，构建有利于教师自评的支持性生态，为实践环境中的自评提质增效，同时利用技术赋能主客观评价融合，推动幼儿园教师自评方式向更准确高效的方向革新。

二、幼儿园班级管理工作评价的内容和标准

（一）幼儿园班级管理工作评价的内容

从广义上讲，幼儿园班级管理工作评价涉及多个方面。它以促进幼儿身心健康发展为导向，主要评价保育与安全、教育过程、环境创设、保教人员、财物和信息管理五个方面。只有综合分析、评价，才能客观、真实地反映幼儿园班级管理工作的全貌。

1. 保育与安全

保育与安全方面的评价主要涉及卫生保健、生活照料、安全防护 3 项关键指标，旨在促进教师加强膳食营养、疾病预防、健康检查等方面的工作，建立合理的生活常规，强化安全保障，确保幼儿生命安全和身心健康。

2. 教育过程

教育过程方面的评价主要涉及活动组织、师幼互动、家园共育和评价改进 4 项关键指标，旨在促进班级教师坚持以游戏为基本活动，理解、尊重幼儿并支持其有意义的学习，强化家园协同育人，注重评价，不断提高保教质量。

3. 环境创设

环境创设方面的评价主要涉及空间设施、玩具/材料 2 项关键指标，旨在促进教师积极创设丰富适宜、富有童趣、有利于幼儿学习探索的教育环境，配备数量充足、种类多样的玩教具和图画书，有效支持保教工作科学实施。

4. 保教人员

保教人员方面的评价主要涉及师德师风、人员配备、专业发展 3 项关键指标，旨在促进保教人员加强师德工作，注重专业能力发展。

5. 财物和信息管理

财物和信息管理方面的评价主要涉及财物管理和信息管理 2 项关键指标，旨在促进教师增强管理班级财物、信息等的能力，更好地服务于教育教学和幼儿发展。

拓展阅读

幼儿教师胜任力基本结构的理论模型

幼儿教师胜任力是一种岗位胜任力。幼儿教师胜任力就是为适应幼儿教师这一特定岗位而必须具备的知识、能力和特质的总和。根据这样的设想，我们初步构建了幼儿教师胜任力基本结构的理论模型（图 7-1）。

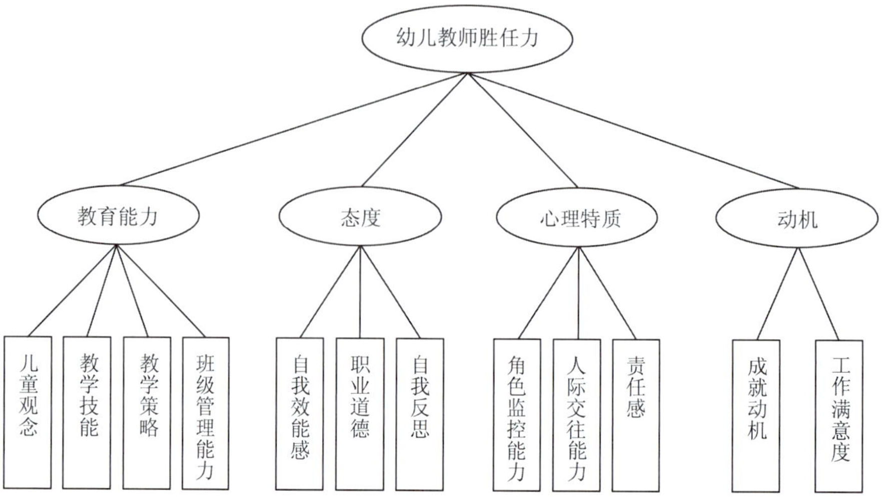

图 7-1　幼儿教师胜任力基本结构的理论模型

在参考各方面文献资料的基础上，本研究确定各因子的具体含义如下：

1. 教育能力。

教育能力是幼儿教师进行教育教学活动必须具备的本领。主要包括教育理念和保教能力。教育理念包括儿童观、教育观；保教能力包括教学技能、教学策略和班级管理能力等。

（1）儿童观。

儿童观是幼儿教师在认识儿童的基础上对儿童所持的观点和态度，是整个教育的根基。科学的儿童观认为：儿童具有独立的人格，享有与成人同样的基本权益；成人应该站在儿童的角度思考问题，理解儿童在发展速度上的个别差异，相信只要给予儿童充分的关注，每个儿童均可以获得相应的发展，并在教育活动中始终保证儿童的主体地位。

（2）教学技能。

幼儿教师与其他基础教育阶段的教师不同，其教育对象是认知水平和自控水平都较低的幼儿，这就要求幼儿教师需要具备更多的教学技能以推进教学的成功开展。这些技能包括语言技能、艺术技能、与幼儿交流与互动的能力等。

（3）教学策略。

教学策略这项教育能力的核心是在教学目标确定以后，教师能够根据已定的教学任务和学生的具体特点，有针对性地、灵活地选择和组合相关的教学内容、教学组织形式和教学技能，从而形成高效率的教学方案。高胜任力的教师在教学过程中，能够随时注意已选定的策略在实际运用中产生的不协调问题，并及时调整、补充、创新。

（4）班级管理能力。

凡是有群体的地方，就始终离不开管理。秩序井然、生动活泼的班级环境给幼儿的成长提供了有利条件。因此，对于幼儿教师来说，协同幼儿园、家庭和社会中的各种教育因素，促进幼儿的成长和发展，是应当具备的技能。

2. 态度。

心理学认为，态度是个人对特定对象以一定方式做出反应时所持的评价性的、较稳定的内部心理倾向。态度具有价值判断的成分和感情色彩，包括情感、认知和行为三种成分。按照这一心理学定义，我们将幼儿教师的自我效能感、职业道德和自我反思这三个胜任力特征归入态度。

（1）自我效能感。

在心理学上，自我效能感是指个体在执行某一操作行为时，对自己能在什么水平上完成该行为活动所具有的信念、判断或自我把握力与感受。教师的自我效能感则是指教师对自己所从事的教育工作的价值以及自己是否具备教育好儿童的能力的认识和判断。

（2）职业道德。

职业道德包括对待幼儿教育事业、对待儿童、对待教师集体和对待自己的道德，即教师要热爱学前教育事业、爱护儿童、尊重儿童，不断更新知识，提高个人修养。

（3）自我反思。

幼儿教师的态度和行为将直接影响幼儿的社会化发展。幼儿教师对幼儿的爱是幼儿在接受教育的过程中最宝贵的营养。幼儿总是先感受到幼儿教师对自己的爱，进而发展到爱教师、爱同伴、爱所有爱他的人。

3. 心理特质。

心理特质是人们的各种心理素质和心理活动品质及由此形成的心理状态，主要包含角色监控能力、人际交往能力和责任感这三个胜任力特征。

（1）角色监控能力。

林崇德教授提出了自我监控能力这个概念，国外一般称之为自我反省能力。本研究借鉴自我监控能力这个概念提出幼儿教师角色监控能力。角色监控能力指幼儿教师为了保证教育的成功，达到预期的教育目标，在教育的全过程中，将自己的行为活动作为意识的对象，不断地对其进行积极主动的检查、评价、反馈、控制和调节的能力。角色监控能力是自我监控的一种特殊形式。幼儿教师在工作中如果不具备角色监控能力，就会在工作中懈怠。

（2）人际交往能力。

人际交往能力主要指在与社会联系、与家长沟通、与学生交往的过程中表现出的亲和力等特征。幼儿教师是班级的管理者，是幼儿园与幼儿、家长沟通的中介人，是家庭教育的劝导者，因此，成功的幼儿教师在人际交往方面应当没有障碍，擅长对人际关系的处理，特别应该擅长与家长的沟通。

（3）责任感。

本研究所定义的责任感指的是幼儿教师认为自己在幼儿发展过程中承担着一定的责任。幼儿教师能否意识到自己的行为将会对幼儿的成长产生重要影响将直接左右幼儿教师的教育行为。

4. 动机。

动机是由一种目标或对象所引导、激发和维持的个体活动的内在心理过程或内部动力。成就动机与工作满意度反映了高胜任力幼儿教师在动机方面的特征。

（1）成就动机。

成就动机是指幼儿教师为达到在工作中自我实现的既定目标而努力奋斗的动机。它的核心是在工作中的自我实现。成就动机明显的教师能够主动地调整、监控自己的行为。一般来说，高胜任力教师的成就动机都比较明显。

（2）工作满意度。

工作满意度是教师对其工作以及工作条件与状况的一种总体的、带有情绪色彩的感受与看法。工作满意度影响着教师工作积极性的发挥，影响到学校的教育教学质量，还影响着教师心理健康的发展。

综上所述，本研究建构的幼儿教师胜任力结构包括教育能力、态度、心理特质、动机 4 个维度，每个维度下又包含若干具体特征，共计 12 项。这一结构与 McClelland 对胜任力所下的定义基本一致。

（摘引自朱晓颖《幼儿教师胜任力问卷的编制及初步运用》，有改动）

（二）幼儿园班级管理工作评价的标准

所谓幼儿园班级管理工作评价标准，是对幼儿园班级管理工作质量和数量的要求和规定。制定幼儿园班级管理工作评价标准是评价工作的基础。评价标准编制得越科学、客观和有效，评价结果的信度和效度就越高。而指标系统的建立是在对一定评价目标层层分解的基础上实现的，是将评价的属性和内容逐步具体化的过程。本教材编者根据《幼儿园保育教育质量评估指南》《江苏省优质幼儿园评估标准及评价细则（2024 版）》、省级示范幼儿园评估标准编制的幼儿园班级管理工作评价指标如表 7-3 所示。

幼儿园保育教育质量评估指标

表 7-3　幼儿园班级管理工作评价指标

重点内容	关键指标	考查要点
保育与安全	卫生保健	1. 健全卫生清扫、消毒等制度，严格按照国家标准做好环境和物品的预防性消毒，保持室内外环境整洁卫生 2. 健全并落实食品安全与营养健康相关管理制度，严格落实食品安全责任制，帮助幼儿养成良好的饮食习惯 3. 加强日常健康观察和保育护理工作 4. 严格执行传染病管理制度，落实晨午检及全日健康观察制度，按要求开展幼儿健康检查 5. 近五年未发生卫生责任事故
	生活照料	6. 帮助幼儿建立合理的生活常规，引导幼儿根据需要自主饮水、盥洗、如厕、增减衣物等，养成良好的生活卫生习惯 7. 指导幼儿进行餐前准备、餐后清洁、图画书与玩具整理等自我服务，引导幼儿养成劳动习惯，增强环保意识、集体责任感 8. 制订并实施与幼儿身体发展相适应的体格锻炼计划，保证幼儿每天户外活动时间不少于 2 小时，其中体育活动时间不少于 1 小时 9. 重视有特殊需要的幼儿，尽可能创造条件让幼儿参与班级的各项活动，同时给予必要的照料。根据需要及时与家长沟通，帮助幼儿获得专业的康复指导与治疗
	安全防护	10. 认真落实幼儿园各项安全管理制度和措施，每学期开学前分析研判潜在的安全风险，有针对性地完善安全管理措施 11. 具有安全保护意识，做好环境、设施设备、玩具材料等方面的日常检查维护，及时消除安全隐患。发生意外时，优先保障幼儿的安全 12. 切实把安全教育融入幼儿一日生活，帮助幼儿学习判断环境、设施设备和玩具/材料可能出现的安全风险，增强安全防范意识，增强自我保护能力

续表

重点内容	关键指标	考查要点
教育过程	活动组织	13. 认真按照《幼儿园教育指导纲要（试行）》《3—6岁儿童学习与发展指南》要求，结合本班实际，每学期、每周制订科学合理的班级保教计划 14. 一日活动安排相对稳定合理，并能根据幼儿的年龄特点、个体差异和活动需要做出灵活调整，避免活动安排频繁转换、幼儿消极等待 15. 以游戏为基本活动，确保幼儿每天有充分的自主游戏时间，因地制宜为幼儿创设游戏环境，提供丰富适宜的游戏玩具/材料，支持幼儿探究、试错、重复等行为，与幼儿一起分享游戏经验 16. 发现和支持幼儿有意义的学习，采用小组或集体的形式讨论幼儿感兴趣的话题，鼓励幼儿表达自己的观点，提出问题，分析并解决问题，拓展幼儿在日常生活和游戏中的经验 17. 关注幼儿学习与发展的整体性，注重健康、语言、社会、科学、艺术各领域有机整合，促进幼儿智力和非智力因素协调发展，寓教育于生活和游戏中 18. 关注幼儿发展的连续性，注重幼小科学衔接。在大班下学期采取多种形式，有针对性地帮助幼儿做好身心、生活、社会和学习等多方面的准备，促进幼儿顺利过渡
	师幼互动	19. 保持积极、乐观、愉快的情绪状态，以亲切和蔼、支持性的态度和行为与幼儿互动，平等对待每一名幼儿，使幼儿在一日活动中能放心大胆地表达真实情绪和不同观点 20. 支持幼儿自主选择游戏玩具/材料、同伴和玩法，支持幼儿参与一日生活中与自己有关的决策 21. 认真观察幼儿在各类活动中的行为表现并做必要记录，根据一段时间的持续观察，对幼儿的发展情况和需要做出客观全面的分析，提供有针对性的支持。不急于介入或干扰幼儿的活动 22. 重视幼儿通过绘画、讲述等方式表达自己对经历过的游戏或活动、阅读过的图画书等的想法和体验，能一对一倾听并真实记录幼儿的想法和体验 23. 善于发现各种偶发的教育契机，能抓住活动中幼儿感兴趣或有意义的问题和情境，能识别幼儿以新的方式主动学习，及时给予有效支持 24. 尊重并回应幼儿的想法与问题，通过开放性提问、推测、讨论等方式，支持和拓展每一个幼儿的学习 25. 理解幼儿在健康、语言、社会、科学、艺术各领域的学习方式，尊重幼儿发展的个体差异，发现每个幼儿的优势和长处，促进幼儿在原有水平上的发展。不片面追求幼儿在某一领域、某一方面的学习和发展
	家园共育	26. 与家长建立平等互信关系，及时与家长分享幼儿的成长和进步，了解幼儿在家庭中的表现，认真倾听家长的意见和建议 27. 让家长有机会体验幼儿园的生活，参与幼儿园班级管理，引导家长理解教师工作对幼儿成长的价值，尊重教师的专业性，积极参与并支持班级的工作，成为重要的合作伙伴 28. 通过家长会、家长开放日活动等多种途径，向家长宣传科学育儿理念和知识，为家长提供分享交流育儿经验的机会，帮助家长解决育儿困惑 29. 与家庭、社区密切合作，积极构建协同育人机制，充分利用自然、社会和文化资源，共同创设良好的育人环境
	评价改进	30. 科学实施幼儿发展水平评价，通过观察、谈话、作品分析等多种方法，真实、全面并个性化地反映幼儿的生活、学习与发展情况，运用多种形式建立幼儿成长档案。不断改进保育教育工作，促进幼儿发展水平在原有基础上提升

续表

重点内容	关键指标	考查要点
环境创设	空间设施	31. 合理规划并灵活调整室内外空间布局，最大限度地满足幼儿游戏活动的需要。除综合活动室外，不追求设置专门的功能室，避免奢侈浪费和形式主义 32. 确保各类设施设备安全、环保，符合幼儿的年龄特点，方便幼儿使用和取放，满足幼儿逐步增长的独立活动需要。提供必要的遮阳遮雨设施设备，确保特殊天气条件下幼儿必要的户外活动能正常开展
	玩具/材料	33. 确保玩具/材料种类丰富、数量充足、以低结构材料为主，能够保证多名幼儿同时游戏的需要。尽可能减少幼儿使用电子设备的时间 34. 确保班级配备的图画书符合幼儿年龄特点和认知水平，体现中华优秀传统文化和现代生活特色，富有教育意义，人均数量不少于10册，每班复本量不超过5册，并根据需要及时调整更新。不使用幼儿教材和境外课程，禁止存在意识形态问题的图画书进入幼儿园
保教人员	师德师风	35. 有坚定的政治信仰，按照“四有”好教师标准履行幼儿园教师职业道德规范，爱岗敬业，关爱幼儿，严格自律，没有歧视、侮辱、体罚或变相体罚等有损幼儿身心健康的行为
	人员配备	36. 班级保教人员按国家和地方相关要求配备到位，并做到持证上岗，无岗位空缺和无证上岗情况 37. 班级教师符合专业标准要求，班级保育员受过幼儿保育职业培训，保教人员熟知幼儿身心发展规律，具有较强的保育教育实践能力
	专业发展	38. 班级保教人员能结合实际和自身特点制订专业发展规划 39. 有效落实教研制度，教研工作聚焦解决保育教育实践中的困惑和问题，注重增强反思能力和实践能力，增强专业自信 40. 班级人际关系和谐，形成协同学习、相互支持、共同发展的良好氛围
财物和信息管理	财物管理	41. 严格资产、财物管理，健全班级财物管理制度，合理使用班级财物
	信息管理	42. 档案信息管理规范，分类科学，便于查找和借阅 43. 按照《全国学前教育管理信息系统建设运行管理规范》要求，定期采集、更新、报送幼儿园管理信息系统所要求的相关信息 44. 加强教育信息化建设，提高信息技术在保教实践、安全卫生和家园互动等方面的运用水平，有效促进管理效能的不断提高

思考与练习

一、名词解释

1. 幼儿园班级管理工作评价：
2. 幼儿园班级管理工作评价标准：

二、选择题

1. 在教学过程中，王老师随时观察和评价幼儿的行为表现，并以此为依据调整指导策略。王老师采用的评价方式是（　　）。

A. 诊断性评价　　B. 标准化评价　　C. 终结性评价　　D. 形成性评价

2.（　　）通过收集并分析幼儿的作品，对幼儿的学习与发展做出评定，是一种在幼儿的学习和发展过程中给幼儿提供帮助的方法。

A. 以游戏为基础的评价　　B. 真实性评价

C. 档案袋评价法　　D. 多彩光谱法

3. 教师通常会问幼儿："你现在做得怎么样了？""怎样才能做得更好、更快？"这通常属于（　　）。

A. 诊断性评价　　B. 形成性评价　　C. 总结性评价　　D. 配置性评价

4. 在幼儿刚进入幼儿园时，幼儿园会对所有幼儿的发展情况包括身心发展情况进行摸底测试，以便能在以后的工作中根据幼儿的特点和发展水平进行指导和帮助。这种摸底测试的评价方法属于（　　）。

A. 个体内差异评价　　B. 诊断性评价　　C. 形成性评价　　D. 总结性评价

三、简答题

1. 简述幼儿园班级管理工作评价的作用。

2. 简述幼儿园班级管理工作评价的类型。

四、论述题

1. 请联系实际说明幼儿园班级管理工作评价的原则和方法。

2. 请联系实际说明幼儿园班级管理工作评价的内容。

五、拓展练习

请选择一个幼儿园班级，结合幼儿园班级管理工作评估指标进行评价，形成评价报告。

主要参考文献

[1] 唐淑，虞永平. 幼儿园班级管理［M］. 南京：南京师范大学出版社，1999.

[2] 赵娟. 幼儿园班级管理与环境创设［M］. 北京：北京师范大学出版社，2014.

[3] 刘志慧，张雪艳. 幼儿园班级管理［M］. 重庆：西南师范大学出版社，2018.

[4] 方钧君. 幼儿园班级管理［M］. 2 版. 上海：上海交通大学出版社，2022.

[5] 张富洪. 幼儿园班级管理［M］. 上海：复旦大学出版社，2012.

[6] 刘利民，晏波. 幼儿园班级管理［M］. 北京：北京出版社，2017.

[7] 李晓巍. 幼儿行为观察与案例［M］. 上海：华东师范大学出版社，2017.

[8] 马娜. 幼儿园班级环境创设对幼儿的隐性影响研究：以邵阳市 A 幼儿园为例［D］. 长沙：湖南师范大学，2017.

[9] 朱晓颖. 幼儿教师胜任力问卷的编制及初步运用［D］. 南昌：江西师范大学，2007.

[10] 郑三元. 幼儿园班级管理制度化生活的特征及反思［J］. 学前教育研究，2001（1）：17-19.

[11] 李瑶，魏红艳. 马卡连柯教育思想及其对教师教育机智构建的价值［J］. 广西教育学院学报，2023（1）：155-159.

[12] 马晓丽. 加强幼儿园班级管理之我见［J］. 青海教育，2021（11）：32.

[13] 杨菊. 实施保教结合，提高保教质量［J］. 课程教育研究，2018（13）：31.

[14] 田颖. 关于提升幼儿园保教质量的路径探寻［J］. 当代家庭教育，2021（29）：51-52.

[15] 任素芬. 创造三种和谐　优化幼儿园班级管理［J］. 山东教育，2008（33）：25.

[16] 杨帆. 聚焦“三重视角”，在优化策略中提升园所教育管理质量［J］. 早期教育，2023（26）：34-35.

[17] 袁林. 蒙台梭利教育中“和平桌”的价值与应用［J］. 特立学刊，2019（2）：15-18.

[18] 向婉怡，陈德枝. 幼儿园教师班级管理能力评价研究进展［J］. 幼儿教育（教育科学），2023（1、2）：77-81.

[19] 王萍. 幼儿园班级管理质量评价多元化的思考［J］. 佳木斯职业学院学报，2016（8）：234-235.